陕西师范大学人文社会科学高等研究院资助出版（项目编号2018GY006）

"中国文学人类学原创书系"编委会

主　编

叶舒宪

副主编

李永平

编　委

冯晓立　刘东风　徐新建

彭兆荣　程金城

陕西师范大学人文社会科学高等研究院资助出版（项目编号2018GY006）

中国文学人类学原创书系
叶舒宪　主编

亥日人君

叶舒宪　著

陕西师范大学出版总社

图书代号:SK19N0777

图书在版编目(CIP)数据

亥日人君/叶舒宪著. —西安:陕西师范大学出版总社有限公司,2019.6
(中国文学人类学原创书系/叶舒宪主编)
ISBN 978-7-5695-0863-5

Ⅰ.①亥… Ⅱ.①叶… Ⅲ.①十二生肖—文化—研究 Ⅳ.①K892.21

中国版本图书馆 CIP 数据核字(2019)第 112874 号

亥日人君
HAIRI RENJUN

叶舒宪　著

责任编辑	庄婧卿　王晓飞
责任校对	王文翠
装帧设计	锦　册
出版发行	陕西师范大学出版总社 (西安市长安南路 199 号　邮编　710062)
网　　址	http://www.snupg.com
印　　刷	西安牵井印务有限公司
开　　本	720mm×1020mm　1/16
印　　张	10.5
插　　页	2
字　　数	155 千
版　　次	2019 年 6 月第 1 版
印　　次	2019 年 6 月第 1 次印刷
书　　号	ISBN 978-7-5695-0863-5
定　　价	48.00 元

读者购书、书店添货或发现印刷装订问题,影响阅读,请与营销部联系、调换。
电话:(029)85307864　85303635　传真:(029)85303879

总 序

2018年,正值中国改革开放40周年纪念之际,陕西师范大学出版总社推出"中国文学人类学原创书系",对改革开放的时代大潮在人文学界催生的这个新兴学科,给出一个较全面的回顾与总结,以便继往开来,积极拓展人文学科的教学与研究新局面,可谓恰逢其时。

50后这代人的青春岁月,激荡在汹涌澎湃的"文革"浪潮之中。"文革"后的改革开放,相当于天赐给这一代知识人第二次青春。1977年恢复高考,我们在1978年春天步入大学校园,那种只争朝夕、如饥似渴的求学景象,至今仍历历在目。改革开放带来"科学的春天",也第一次带来人文科学方面的世界景观。正如改革的基本方向是向发达国家学习市场经济模式一样,人文学者们也投入全副精力,虚心学习借鉴国际上先进的理论与研究方法。"神话-原型批评"就是当时的新方法论讨论热潮中,最早进入我们视野的一个理论流派。1986年我编成译文集《神话-原型批评》时,先将长序刊发在《陕西师大学报》上,文中介绍原型理论的宗师弗莱的观点时讲道:

> 物理学和天文学形成于文艺复兴时期,化学形成于18世纪,生物学形成于19世纪,而社会科学则形成于20世纪。系统的文

学批评学只是到了今天才得以发展。……正像自然科学体系的建立有赖于把握自然界本身的规律。一部文学作品,它所体现的规律性因素不是作家个人天才创造发明的,而是在文学的历史发展中,在文化传统中所形成的,这种规律性的因素就是"原型"。……从文学史的考察中可以看到,文学作为一个有机整体,植根于原始文化,最初的文学模式必然要追溯到远古的宗教仪式、神话和民间传说中去。"这样说来,探求原型实际上就是一种文学上的人类学"。

当时无论如何也不曾想到,这样一段话,居然能够准确地预示这一批学人后来几十年学术探索的方向。"文学人类学"这个名称,也就由此在汉语学术界里发端。10年之后的1996年,在长春召开的中国比较文学学会第五届学术年会上,中国文学人类学研究会宣告成立(首任会长为萧兵先生),如今简称"文学人类学研究会"。从研究文学的神话原型,到探索华夏文明的思想、信仰和想象的原型,这一派学者如今正式提出的大小传统理论和文化文本符号编码理论,可以说早已全面超越了当年所借鉴学习的原型批评理论,走出文学本位的限制,走向融通文史哲、宗教、艺术、心理学的广阔领域。

从1986年到2018年,整整32年过去了,我们也经历了自己人生从而立到花甲的过程。如今我们要解读的是5000多年前的先于华夏文明国家的"文化文本",阐发的是河南灵宝西坡仰韶文化大墓的神话学内涵。这是当年完全没有预料到的。是问题意识,先把我们引入文化人类学的宽广领域,再度引入中国考古学的全新知识世界,这样的跨越幅度,的确是当初摸索文学人类学研究范式时所始料未及的。

从原型批评倡导的文学有机整体论,拓展到文化符号的有机整体论、史前与文明贯通的文化文本论,这就是我们努力探索近40年的基本方向。西周青铜器上出现"中国"这个词语,至今不过3000年时间。2018年2月4日,我第二次给国家图书馆"文津讲坛"开设讲座,题目是"九千年玉文化传承"。今日的学者能够在9000年延续不断的文化大背景中研究"中国"

和"中国文学",就是从先于文字的文化大传统,重新审视文字书写小传统的一套完整思路。相信这样一种前无古人的理论思路和研究范式,是学者们对西方原型批评方法的全面超越和深化,这将会引向未来的知识更新格局。

本丛书要展示这40年的探索历程,以萧兵先生为首的这一批兴趣广泛的学人是如何一路走来,并逐渐成长壮大的。本丛书将给这个新兴学科留下它及时的也最有说服力的存照。希望后来者能够继往开来,特别注重不断发展和完善中国版的文化理论和文学理论,包括作为文史研究当代新方法论的三重证据法和四重证据法。

是为丛书总序。

叶舒宪
2018年2月7日于北京太阳宫

引 言

　　市面上的生肖类读物很是不少。尤其每逢岁末年初,大小书摊上大红封面的属相书同各种年历、贺岁卡、春联条幅等相互映衬又相互呼应,好不热闹,给人一种铺天盖地而来的感觉,在寒冷而灰暗的冬季自然景观中增添出民俗文化多彩而热火的气氛。自幼受到科学思想熏陶的我,对这一类文化产品总是抱着敬而远之的态度,或将其视为远古巫祝习俗的遗风。事先怎么也不会想到,自己也会"凑热闹"加入属相书的制造者行列中来。更没有想到(熟悉一些的亲朋好友们也不会想到),属马的本人却为属猪的人们撰成此书。

　　不过,稍微浏览一下目录便能看出,本书虽然从分类意义上只好归入属相之书,但其内容和写法却和流行的属相书大异其趣,基本上还算是较为严肃的学术研究。确切地说,这是一部从人类学和文化史角度探讨猪在中国传统文化中的地位、意义和作用的书。

　　一个毕业于中文专业的人,怎么会想起写这样的题目呢?其实,文学研究中和人类学家的著作中都经常碰到有关猪的问题。自己进学过程中刚好对这两方面都有兴趣,积累了一些认识和相关资料。

　　上大学时听赵光勇老师讲《诗经·七月》一篇,其中有"言私其豵,献豣于公"一句,给我留下很深的印象:古人不仅可以用具体可感的物体形象来表示抽象的公私之别,而且在他们的感知中似乎是具体的猪比抽象的猪概念更为通行。《毛传》说:"豕一岁曰豵,三岁曰豜。"再翻看《说文解字》,发现今人所说的"猪"在上古原有十多种叫法。这种语言现象是否可以说明,在我们这个以农业为本的文化传统中猪这种家畜曾具有很重要的作用呢?

后来从神话学角度研究女神信仰的起源,再次与猪相遇了。辽宁牛河梁出土的女神像和猪头像并存,内蒙古出土的玉龙像也被称为"猪龙"。这些史前证据足以说明猪在中华初民心目中曾占据怎样显赫的位置。我在撰写《高唐神女和维纳斯》一书时,结合哥伦比亚大学人类学家韦斯顿·拉·巴尔(Weston La Barre)的见解,对此做了初步探讨。1993年到海南大学任教后,开设了文化人类学课程。在讲授文化唯物主义理论时,特别注意到美国人类学家马文·哈里斯从环境与文化的互动关系来解说有关猪的习俗和禁忌之起源的观点。1996年在加拿大访学时,碰巧在蒙特利尔一家旧书店买到哈里斯的《母牛·猪·战争·妖巫》(*Cows, Pigs, Wars and Witches*)一书,对此一问题有了较深入的了解。1997年3月应海南省作协之邀,在琼海的万泉河宾馆讲人类学的文化观,又提到饮食文化中有关猪的问题,引起在座者的很大兴趣。而自己曾进行的《山海经》研究课题中,猪形神怪也占有相当可观的比重。正是在上述背景中,我希望借此机会将这方面的一些思考梳理出一些线索,也算做一个小结。

中国的生肖文化源远流长,复杂多样。本书中仅仅从一种生肖动物着眼,略有涉及,浅尝辄止。不妥和不足之处,还望专家和广大读者明鉴。

目 录

第一章　中国生肖文化中的猪

一、豕与亥 …………………………………… 001

二、六畜之先与十二肖之末 …………………………………… 008

三、属猪者的性格特征说 …………………………………… 011

四、属猪者的本命年运程说 …………………………………… 016

第二章　从野猪到家猪

一、从"逐肉"到"养肉" …………………………………… 021

二、驯化：野猪与家猪 …………………………………… 027

三、驯化地理学：谁先养猪 …………………………………… 036

四、驯化生态学：为何养猪 …………………………………… 041

五、牧与豢：如何养猪 …………………………………… 048

第三章　原始宗教中的猪

一、猪龙：中华第一龙之谜 …………………………………… 057

二、猪与女神宗教的生命崇拜 …………………………………… 061

三、猪图腾崇拜面面观 ……………………………… 068
　　四、陪葬猪骨的观念动机 ……………………………… 073

第四章　神话传说中的猪

　　一、开辟大神豨韦氏 ……………………………… 076
　　二、人面猪喙的韩流 ……………………………… 082
　　三、司彘国与豕喙民 ……………………………… 085
　　四、猪八戒的原型 ……………………………… 087
　　五、乌将军与黑相公 ……………………………… 093
　　六、人变猪神话的由来 ……………………………… 096

第五章　汉语汉字中的猪文化编码

　　一、分类编码的部首"豕" ……………………………… 101
　　二、彘鹿同科之谜 ……………………………… 109
　　三、无"豕"不成"家" ……………………………… 114

第六章　饮食文化中的猪

　　一、食猪大国与猪宴之邦 ……………………………… 120
　　二、猪肉禁忌的所以然 ……………………………… 122
　　三、食物禁规的哲学思考 ……………………………… 127
　　四、猪肉美食不厌精 ……………………………… 130
　　五、乳猪、全猪、东坡肉 ……………………………… 135

第七章　民俗文化中的猪

　　一、西方民俗中的猪 ……………………………… 139
　　二、正月四日为猪 ……………………………… 142
　　三、猪象同科与耽耳习俗 ……………………………… 146
　　四、土家族的"血财"与"猪相" ……………………………… 151
　　五、猪圈、厕所与紫姑 ……………………………… 153

第一章 中国生肖文化中的猪

一、豕与亥

《吕氏春秋》中讲到这样一次由笔误引起的误解：有人把"晋师己亥涉河"读成"晋师三豕渡河"，多亏一位名叫子夏的人慧眼明鉴，当场指出抄写之误。造成这种失误的原因很简单，豕字和亥字从字形上看实在太接近了。更精确一点说，豕就是亥去掉上面的一点，亥也可以说是豕字上面加了一点。

由于字形上的这种相似，有好事者给猪起了一个冠冕堂皇的雅名，叫"亥日人君"①。这样一来，猪不仅可以升格为人，摆脱其被人轻蔑贱视的低下地位，而且成为"人君"，也就是人上之人。亥日人君这个别名真可使猪儿一步登天了。（图1）

豕与亥二字大同小异的结构自古以来就能引发种种推测和猜想。为什么古人用十二地支与十二生肖相配合时，刚好将猪（豕）配给亥呢？这

---

① 厉荃：《事物异名录》，岳麓书社1991年版，第526页。

图1　套猪形吉祥图案

(摹自湘麟、锦珠、吴镭等编绘:《动物装饰图集》,上海书店,1993)

到底是纯然的巧合呢,还是别有用心的特意安排?

《说文解字》的作者许慎在解说"亥"这个字时说:"……古文亥,亥为豕,与豕同。"他还转引了一部古书《春秋传》的记载说:"亥有二首六身。"这里透露出亥是某种神话动物的古老信息。二首六身之夸张,有些类似今人说的三头六臂,显然不是现实中所存在的动物。但不管形态上如何怪异,亥作为动物之名,毕竟同豕这个动物名有了对应联系的线索。

明代的杨慎在《艺山伐林》中谈到生肖配地支的问题,试图从道理上说出一些相配的必然性。他说:

> 子鼠、丑牛,十二属之说,朱子(即朱熹)谓不知所始。余以为,此天地自然之理,非人能为也。日中有金鸡,乃酉之属;月中有玉兔,乃卯之属。日月阴阳,互藏其宅也。故篆巳字作蛇形,亥字作猪形,余可推而知矣。

这是从字形的相似来推论巳与蛇、亥与豕的匹配。还有人根据这种相似性,将十二地支的每一个字都解说为一种生肖动物,由此引发了是否以偏概全的争论。

现代的古文字学者确信在殷商甲骨文和周代金文中都找到了亥和豕

两字。从基本造型上看,二者确实都以动物身体为取象原型,但区别还是明显的。在金文中,豕字很像一只猪的速写图,亥字与之类似,但却没有突出刻画的猪尾巴。有学者猜测说:"从原始思维来看,'亥'为一种猪类动物的可能性极大。因为,既然原始思维有其具体性的特点,那么,很难想象这批地支字的造成不以具体事物为倚托。""我们的看法是:从上古起,古人就把'亥'和'豕'视为同一种或同一类动物,或把'亥'视为'豕'的一种,或把'豕'视为'亥'的一种。这就是我们所探索的二字和二物间的神秘联系。字形相似仅是物种相似的表现罢了。"①也有的学者并不从动物造型方面看待十二支命名的起源,而是把这12个汉字视为太阳日周期循环运动的符号标记。

如语言学家郑张尚芳认为:子为日之孳生(字为胚胎之形);丑为日门之纽结;寅为宾引太阳而至天门;卯为日之冒(字为天门开辟之形);辰即振,太阳振动羽翼而初升;巳为日已升,寅宾出日的仪式已毕(字为脱胞而出之"子");午为日至中天阴阳交午;未即昧,日昃而向幽昧;申即重申,与寅同意,即重新举行寅饯纳日的仪式;酉即留、柳,表示太阳留于西方之门,将入柳谷(字为天门关阖之形);戌即灭,阳气已尽;亥即阂,太阳阂藏于地底。中国早期天文学的全部概念,都是对这一思想体系的描写。王小盾先生赞同这种解释,并做了如下补充:确认十二支名是产生于太阳祭典、商王祭典和古时记时之法的一套符号,可以用关于太皞、少皞、契和商代前八王名号作为旁证资料。例如,商王契为什么又名"王核""王亥""该""挚"?其原因便在于他是与寅饯纳日仪式相对应的太阳神,亦即少皞神;而寅饯纳日仪式结束于"亥"时,"核""该""挚"皆是"亥"的通假字。②(图2)在这样的理解之下,亥字作为十二支最末的一个符号,从道理上似乎更明确了。但是亥与豕、猪的关联却变得不大明确了。

笔者以为,从神话类比的隐喻逻辑着眼,可以调和以上两种对立的观

---

① 王元鹿:《猪与古代文化》,载《中文自学指导》1995年第1期。
② 王小盾:《火历质疑》,见《中国天文学史文集》第六集,科学出版社1994年版,第138—141页。

图2 以"亥"为名的商王王亥

(选自孙晓琴绘图,王红旗撰文:《新绘神异全图山海经》,昆仑出版社,1996)

点。《淮南子·天文训》云:"亥者,阂也。"《释名·释天》亦云:"亥,核也。收藏万物,核取其好恶真伪也。"古人用表示"收藏万物"的亥字来结束十二支的循环历程,似乎同母猪与大地母亲相认同的神话观念正相吻合。宇宙间能够承担起"收藏万物"之职能的,恐怕非地母神而莫属。"神话思维常常把土地拟象为一个生育不息的巨大子宫,又惯用种种中空容器形象作为地母子宫的隐喻表现,神话学家对此已有大量论述。精神分析学家亦发现,此种隐喻因历史悠久,已内化为集体无意识中的象征原型,表现在人的梦幻、儿童幻想和艺术创作中。纽曼则指出,大母神象征系统正是以隐喻女性躯体的巨大容器为核心意象而建立起来的。"[1]纽曼把"女性/躯体/容器/世界"的原始类比称为"元象征"(metabolic symbolism),初民的神话思维以此为基点,遵循着象征逻辑构造他们整个的世界观。

根据纽曼的重要提示,英语中指代猪的 pig 一词为何又有"土器""瓦罐""水壶"之类器皿的意义,便不再令人困惑了。因为猪的意象在神话思

---

[1] 叶舒宪:《中国上古地母神话发掘——兼论华夏"神"概念的发生》,载《民族艺术》1997年第3期。

维中常常就是地母神的动物化身。土是地母躯体的构成要素,用陶土制成的容器和猪具有相互隐喻的关系,这也是顺理成章的。我国新石器时代的出土陶器中那种引人注目的猪形容器,正可作为此种隐喻关联的直观见证。

在商代的图腾编码空间世界观中,猪作为北方的象征物,是和夜晚、黑暗、冬天、寒冷等联系在一起的(参见本书第七章第二节)。亥字所具有的"收藏万物"之隐义,一方面可以和太阳的日循环周期中的夜晚相对应,因为夜晚等同地下世界,是太阳结束一天运行的归宿藏身之处;另一方面又可以对应太阳的年循环周期的最后一个季节——冬季,那也正是万物返回本源的"归藏"之际。《释名·释天》云:"冬,终也,物终成也。"《尚书大传》云:"北方者,物之伏方也。何以谓之冬? 冬,中也,物方藏于中也。故曰北方冬也。"亥字具有结束十二支循环的一个周期的终了之义,喻示万物归根,生命藏伏。这有如返回大地母亲子宫的再度孕育。正像冬天过后紧接着就是生命复苏的春天,表示藏伏的"亥"之后,紧接着就是表示新生命诞生的"子",又迎来十二支的新一轮循环。

猪作为生命和时间循环周期的界点之象征,既可以充当周期历程的终点,也可充当其起点。道理很简单,在一个表示循环不已的圆圈上,终点和起点总是首尾衔接、重合在一起的。意识到这种终始相续的原则,我们看到纳西族的二十八宿记日法以"豪猪尾"开头,也许就不足为奇了。

据《东巴经·星轮》一书的记载,纳西人的二十八宿记日法从正月一日(豪猪尾、顺序23)开始,每月30天,依次排列,到腊月(十二月)三十日为止。如正月记日排列顺序:

一	日	豪猪尾	23
二	日	马星	24
三	日	蛙嘴星	25
四	日	蛙沫星	26
五	日	黑雷星	27
六	日	塔星	28

七 日	六星角	1
八 日	六星身	2
九 日	红眼星	3
十 日	三星角	4
十一日	三星身	5
十二日	亮星水边	6
十三日	亮星水尾	7
十四日	雉鹰星	8
十五日	碱泉星	9
十六日	猪嘴星	10
十七日	猪背星	11
十八日	猪油星	12
十九日	鹰星	13
二十日	蕊星角	14
二十一日	蕊星耳	15
二十二日	蕊星颈	16
二十三日	蕊星身	17
二十四日	蕊星胃	18
二十五日	蕊星花	19
二十六日	蕊星胛	20
二十七日	蕊星脚	21
二十八日	豪猪头	22
二十九日	豪猪尾	23
三十日	马星	24

纳西人的二十八宿星名与汉族不同。此处的"豪猪尾"相当于汉名牛郎尾,而"豪猪头"则相当于汉名牛郎身。从二月到十二月,每月30天,二十八宿依次逐日排列。二十八宿与日相配是为预报月亮的方位,而预报各日月亮所在方位的目的,则是为了依据该日月亮所在的星宿来判断日子的

好坏。① 月亮在自己的轨道上从某星座开始,绕行一周又回到该星座所需时段为27.32天,所以有了这种以28天为周期的记日方法。

纳西族还有十二生肖(属相)记日推算法。按照此法,纳西族一年分12月,又分月大为30天(逢双月),月小为29天(逢单月),全年为350天,闰十二月都为大月,每月还可与十二生肖相配合。(图3)

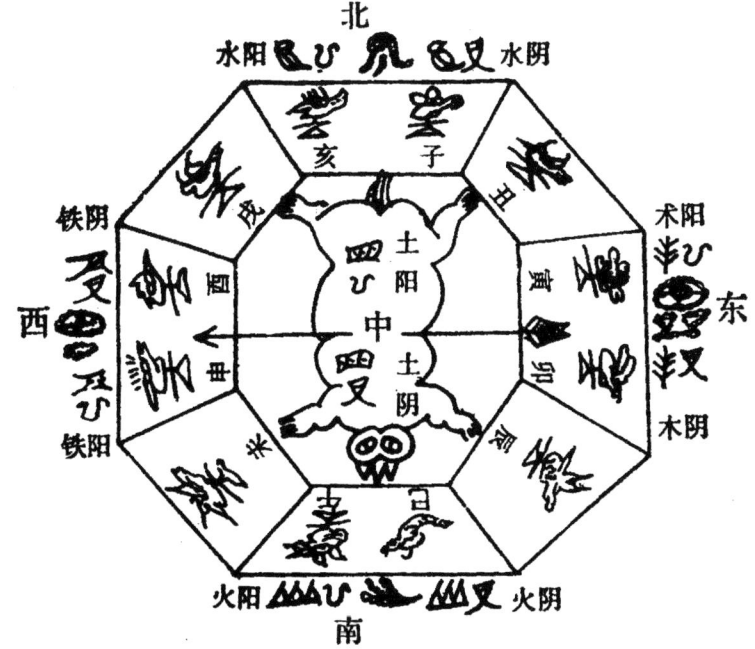

图3 纳西族八格图的五方、八门、十二地支
(选自和志武、钱安靖、蔡家麒主编:《中国原始宗教资料丛编:纳西族卷·
羌族卷·独龙族卷·傈僳族卷·怒族卷》,上海人民出版社,1993)

按照生肖记日法,单月虽无30日,但生肖记日仍计算进去,因此,单、双月同一个日序的生肖都固定不变。十分巧合的是,二十八宿记日与十二生肖记日,全年都是354天。这两种记日法对于考察生肖观念的起源,提供了有益线索:初民古朴的天文历法知识是借助于具体直观的事物表象来

---

① 和志武、钱安靖、蔡家麒主编:《中国原始宗教资料丛编:纳西族卷·羌族卷·独龙族卷·傈僳族卷·怒族卷》,上海人民出版社1993年版,第339—371页。

加以秩序化编码的。人们仰观于天所看到的星相和俯察于地所看到的动物形象,就自然成为"远取"和"近取"的符号表象,借此来捕捉和记录那流逝不停的时间周期。

二、六畜之先与十二肖之末

猪在我国十二生肖中排位最末,似乎从辈分上小于鼠、牛、虎、兔、龙、蛇、马、羊、猴、鸡、狗11种动物。这种编排定位的充分理由是什么,迄今尚未有令人信服的说明。其实,在我国新石器时代开始的动物驯化过程中,猪要算较早被驯化的一种家畜。就拿古人习惯所称的六畜来看,家猪的饲养也是出现在较先的时间里。至少在马、牛、羊、猪4种大家畜之中,猪在中国的畜养历史比另外3种都要早得多。

出于人类好奇的天性,凡事总要问一个为什么。对此,大凡在理性的逻辑解释缺席的地方,神话的或故事的解释自然会大行其道。下面一则题为《十二属相排位的故事》,用非常有趣的拟人化形式回答了诸属相现有的座次秩序是如何确定下来的。

混沌初开,天干地支刚定时,玉皇大帝下令普召天下动物,要按子、丑、寅、卯、辰、巳、午、未、申、酉、戌、亥12个字的地支,选拔12个属相。

这天,灵霄宝殿里禽兽云集,开始应选。玉帝按天地之别,单挑了龙、虎、牛、马、羊、猴、鸡、狗、猪、兔、蛇、鼠12种大家族水陆兽类作为十二属相。

玉帝刚要给它们排一下座次,只见班中闪出黑猪来。这老黑,别看生得笨嘴拙腮,却专爱惹是生非。它奏道:"明君既已选好十二首领,小臣愿意替君分担劬劳,当个公正人,为兄弟们依次排位。"玉帝闻言大喜,嘱咐黑猪要秉公而断,就退朝了。

玉帝一走,十二属相就闹成了一锅粥。

开头,大家一致推选温和、宽厚的老黄牛居首位。连威武的老虎、苍龙也敬它几分,表示同意。可是,缩在墙角的老鼠却钻了出来,提出抗议。它说:"论大数我大,不信咱到人间比比,听听百姓的评论。"于是,老黄牛和老鼠来到街头闹市。

黄牛在人群中走过时,人们毫无反应。这时,老鼠"哧溜"一下子爬到牛背上,打起立桩来,街上的人们纷纷乱嚷:"好大的老鼠!"等人们拿出棍棒赶来扑打时,老鼠早已跑远了。

老鼠回来大吹特吹,众首领替黄牛打抱不平,只有黑猪暗自高兴。它觉得只有这样大小不分,好坏难辨,才能鱼目混珠,自己也从中渔利。它大笔一挥,先排了老鼠,后排了老牛。

这下惹恼了老虎和苍龙,它俩大声喧叫起来,震得天庭发抖。众首领忙向龙和老虎朝拜,一致推选老虎为山中之王,苍龙为海中之王,统管天下。老虎和苍龙有了人间权势,也就甘居老鼠和老黄牛之后了。这时,又跳出一个多事的野兔,它冷笑一声说:"嘿嘿!论长相我和老鼠差不多,论个子我比老鼠大,我是山王的护卫,应排在海王前面。"

苍龙一听大怒,说:"你休得胡搅蛮缠,不服气咱也比试比试。"黑猪一听正中下怀,忙说:"一言为定,你们就比赛跑吧,让猪、狗做你们的裁判员。"

赛跑开始了,苍龙腾云驾雾,片刻间就飞到前面去了。可是,当它飞到灌木丛中角就被树枝野藤挂住了,怎么也摘不下来。野兔一蹿十八个垄,一口气跑到了终点。

黑猪不顾众首领的反对,把野兔排在苍龙之前,老虎之后。

猎狗去给野兔贺喜,它向野兔卖好说:"要是不选这样的跑道,不帮你割尾巴,你哪有今天的胜利啊!"野兔正捧着那截粗大的尾巴惋惜,听了猎狗的话,忙说:"哼!我是凭本领取胜的,没有你,我还丢不了这条漂亮的尾巴呢!"猎狗一听,眼都气红了,它说:"既然你有本领,那咱俩也遛一遭!"野兔傲慢地说:"这有什么难的,我先跑,你要能追上我,我请你啃骨头。"说着,就得意扬扬地跑起来。猎狗磨了磨爪子,一猫腰,箭一样地追去。不一会儿,就撵上了野兔。它用嘴咬住了野兔的脖子,一边吃,一边说:"好了,这下该我啃骨头了。"

为这事,猎狗也受了处分,被排到最后头。

苍龙赛跑失败后,经常背地里抱怨那对鸡角拖累了它。但又不肯把两只角还给鸡,从此,公鸡失去了两只角,也被排在后头。

只剩下猴、蛇、马、羊、猪几位首领没有揭晓了。黑猪又别有用心地煽动起来:"猴弟是陆上的杂耍大王,蛇弟是水中的泅渡能手,你俩谁先谁后呢?"经过一番议论,它们决定再到人间进行一次民意测验,进行杂技表演。青蛇邀了红马,猴子邀了山羊,让它俩帮助做服装道具。

比赛那天,青蛇和红马各显神通,排在了前头。山羊和猴子排在了后头。黑猪给众首领排完座次,干脆把自己写在最前头,还暗中庆幸自己不费吹灰之力便能后来居上,名利双收。

它来到灵霄殿面见玉帝。玉帝接过座次表一看,二话没说,便将排在第一的黑猪的名字勾掉,换到最后头。又按地支的顺序排出子鼠、丑牛、寅虎、卯兔、辰龙、巳蛇、午马、未羊、申猴、酉鸡、戌狗、亥猪十二生辰表。降下圣旨,令值日功曹到人间发布。

生肖座次排定,玉帝怒气未消,又挥笔给黑猪批了16个字:"无用蠢材,颠倒黑白。罚去吃屎,一年一宰。"

这是一则耐人寻味、妙趣横生的故事。它不仅用幻想解释了猪排在十二属相最后的原因,还同时告诉人们鼠是如何排在牛的前面,猪为什么被人视为蠢笨,每年都要面临被人宰割的命运。故事的叙述之中充满了价值判断和褒贬分明的倾向性,把猪完全当成了抨击讽刺的反面角色。(图4)

除了汉族的上述故事,我国的许多少数民族也有自己对十二属相排序的解释。据纳西族《十二支属的来历》记载:"十二支属互相争执,谁都想当岁首,不愿当岁尾。于是,里布本马让它们横渡美令思吉河(木里无量河),谁过得快谁当岁首,依次排定。本来水牛过得快,但狡猾的老鼠咬住牛尾尖,水牛疼痛一甩尾巴,反而把老鼠扔到前边河岸去了。结果,老鼠为岁首,依次到岸的是牛、虎、兔、龙、蛇、马、羊、猴、鸡、狗、猪,并依照十二支属过江到岸的顺序,出现了一天十二时。不久,十二支属还是纷争不已,鼠马相冲突,牛羊相冲突,虎猴相冲突,鸡兔相冲突,狗龙相冲突,猪蛇相冲突。于是英什恒丁给它们分判:虎、兔住东方,蛇、马住南方,鸡、猴住西方,猪、鼠住北方,狗、龙住天门口(西北角与东南角),牛、羊住地门口(东北角

图4　清代民间年画：十二生肖

（选自王树村编著：《中国民间年画史图录》，上海人民美术出版社，1991）

与西南角），从此它们住在四方八门里。"①

这个纳西族神话，剥去"属相渡河""猪蛇冲突"等虚幻内容，可以让人明显认识到历法由来的道理。纳西族在很早以前就使用着一年12月、一月30天、一年360天的阴阳历，并用十二属相记时、记日、记月、记年……十二属相的名称、顺序也与汉族相同。关于十二属相的运用，则受藏族的影响，将十二属相代替地支，以五行加阴阳代替十干，即五行配十二属相组成的60个序数作为记年的周期，画成著名的《巴格图谱》加以运用，千百年来尊奉不移。

三、属猪者的性格特征说

属相的发生原只为记日记年的方便。然而，12种动物一旦和某年出生的人建立了对应关系，神话的类比思维便会借题发挥，衍生出有关属相与性格、命运的种种模式化的说法，形成中国民间属相文化中最具有神秘色彩的一部分内容。综观属相与性格的对应模式，不难看出这种对应关系

---

① 和志武、钱安靖、蔡家麒主编：《中国原始宗教资料丛编：纳西族卷·羌族卷·独龙族卷·傈僳族卷·怒族卷》，上海人民出版社1993年版，第367页。

的建立虽然不是纯粹的主观虚构,但其联想的成分明显大于推理的成分,或者将偶然性说成必然性。尽管如此,属相性格说仍然在民间拥有广大的信奉者。下面便是关于属猪者性格特点的流行说明:

> 属猪人的性格沉稳、刚毅,心地善良、纯朴。他们能以坚韧不拔的精神,勇气十足地承担分配给他们的一切工作,并会全力以赴地把工作做好。因此,有理由充分信任他们,让他们自己去奋斗。
>
> 属猪人在人群中属于朴实无华之列,却有着独到见解,……他们性情温顺,永远不会做"置人于死地"之事。
>
> 属猪人为人们所喜爱,还因为他们像属羊属兔人一样求世间平安,与人为善。
>
> 当然,他们被逼无奈时也会发火,与人争斗,但他们不忌恨人,不暗地与他人作对。
>
> 他们待人宽宏大度,对别人的错误采取既往不咎的态度。因此,总能与人保持亲切关系。……
>
> 他们喜欢愉快的娱乐活动。但情绪消极时,又极易沉沦。
>
> 他们一生中会持久地以忠诚、为人着想的品格待人,保持与朋友的珍贵友情。
>
> 他们喜欢各种聚会,操办各种喜庆节日,或主持晚会,乐意参加各种俱乐部及协会。他们讨厌与人争执,善于调解他人的矛盾,真诚与可信确实是他们一笔宝贵的精神财富。他们待人和蔼可亲,同时希望别人容忍自己的不足。
>
> 属猪人不像属龙人那样善于迷惑他人,也不像属猴、属虎人那样好蛊惑别人,更不像属蛇人那么甜言蜜语、自我陶醉,而是一点点地将他的诚实的心交付于你,使你越来越离不开他们。属猪人非常讲究体面,外表堂堂,具有骑士风采,同时也有骑士的助人为乐,可以替人承担棘手的工作,没有丝毫抱怨,当朋友遇到危难时,他们会挺身而出。

我们可以充分信赖他们,因为他们不会搞阴谋诡计。相反,有时因太诚实、天真,反倒成为狡诈的牺牲品。

属猪人的坦诚态度会赢得来自四面八方的帮助,他们不必请求支持,就会有人自愿相助。而他们若处在可以帮助别人的地位时,也决不会袖手旁观。这种品格,使他们深受人们尊敬,同时也令他们自信。他们会不断创造出一个又一个奇迹来。

属猪人虽有时也发脾气,但他们不愿争吵,每当发生争执后,他们总以忍让使事情结束。因为他们尽力要同所有人和谐,又无哗众取宠、谋取私利之心。所以,他们酷爱社会工作和慈善事业。如果世间对你不公,或当你受到致命打击时,请找个属猪的朋友帮忙,他们会耐心听你倾诉苦衷、拔刀相助。即便是你自己的错误造成的,他们也不会流露责备你的意思,仍会尽力帮助你,还会多找些人帮你奔走解难。在他们那里,你不会遭白眼或听官腔十足的训戒。你可以记住,对属猪人来说,一切复杂问题都可以简单化。

现在我们再看看他们的缺点,与属猪人的慷慨大方同时存在的是"你的即我的"的糊涂观点。

当你的一个属猪的朋友来你家做客时,会带着孩子气的单纯享用你的吃喝,随便穿你的衣服,或许还会未经许可便使用你新购置的高尔夫球器材,使用你刚买的照像机、你的汽车等等。他们不大理解和接受人们所谓的"私人生活"的准则。(图5)

属猪的女士爱清洁,一尘不染,家中布置井然有序,几乎所有属猪的妇女都有洁癖。只有极少数人在这方面稍随便些。另外,她们个性强,尊重自己,也尊重他人。她们全部能力都可以投放在令她们动情的事业上,而不求任何回报,你可以通过她们令人信赖的言行得到证实。她们有一种高尚的胸怀,帮助人不露姓名,还会要求人保密,可以为远方的人做多年的祈祷或满怀热情为他们服务而不让他们知晓。她们会周到地接待丈夫的朋友们,会不厌其烦地回答孩子们的问题,她们喜欢照料好自己的家庭生

图5 日本的十二生肖插图
(选自山下秀树编:《日本插图小丛书——日本的十二月篇》,
京华译,世界图书出版公司,1987)

活,并引以为乐。同她们待在一起会让人愉快,她们出现在哪里,哪里就会变得活跃。但不是说她们不会抱怨,抱怨时也会不那么温和。

属猪人较轻信,轻易相信别人和别人所说的所有事情,包括那些只有一面之交甚至陌生人。因此他们很容易受蒙蔽。他们会因此失去钱财。他们不宜掌管财务,因心肠太软,抓不紧钱袋。

实际上,属猪人就称作物质主义者。只是他们不吝啬,喜欢同别人分享自己的所有。这样,在他们为别人付出时,他们也会从中受益。

另一方面,他们的精神世界较粗浅,不敏感,甚至对别人给他的侮辱只是不在乎地耸耸肩。他们眼光也较浅,只看眼前。也许正因为这个特点,倒使他们在本应极痛苦的时候解脱出来,属猪人从不把灾祸看得过重。

在属猪人善良的背后,隐藏着坚定的力量,只要可能,他们会坐在统治者的宝座上。只是他们瞻前顾后的弱点给自己前进途中设下不少障碍。另外,他们还缺责任心,当受到限制或感到不快时,他们可以干脆转向对手一方,去在新朋友那里立功获奖。

属猪人虽表面上容易受骗,但实际上还是比人们想象得要聪明。他们懂得用容忍的态度保护自己的利益,当有人骑到他们头上,他们还会再自动递上一条鞭子,当别人自鸣得意时,却早已骑虎难下,不得脱身了。这实在是他们的一条好策略。

属猪人诚实,为自己辛勤劳作的成果而自豪,很少成为骗子或小偷。

他们的主要毛病是不能对自己的家庭、朋友说半个"不"字,在许多事情中,总迫使别人也采取中庸态度处理问题,拉不开脸面辨明对错。但事情的结局处在困难状态时,他能承担责任。

他们一生中至少会有一次破产,但最终总能将损失补回来,总学得比过去更聪明、更勇敢。

属猪人一生勤劳,参加各项活动都十分卖力,所以精力消耗也大。好在他们做事总能圆满如意。他们的性格总使他们走运。

尽管属猪人有一定文化修养,但他们不属于层次很高的人,他们喜欢欣赏事物外表的价值,缺少更深刻的见识。

属猪人相信宿命论,当他们一无所有时,会变得非常厌世,自我放任,由此走向沉沦的深渊。

引起他们陷入危机的境地也是由于他们过分慷慨造成的。当他们对别人提出的要求无法满足,或帮助别人力不能及时,他们不是面对现实,而是极度的沮丧、失望。

属猪人同安静、伶俐的属兔人或举止稳重的属羊人一起生活,会得到幸福。同属虎人也能和睦相处。属鼠、牛、龙、马、鸡、狗的人都能与属猪人协作。只有当属猪人遇到另一个属猪人时,关系才不易融洽。属猪人最难对付的是属蛇和属猴的人,因为他们对狡猾、诡诈无能为力。①

从以上说明来看,属相与性格的联系是外在的而非内在的,是偶然的而非必然的。人们之所以关注这类说法,满足好奇和心理安慰的成分似乎要大于信仰的成分。假如你是属猪者,看到上述一大堆性格优点和少量的缺点,也许很容易认同这些说法,并由此而获得心安理得的感觉。像"他们的性格总使他们走运"之类的话,与其说是推测,不如说是良好祝愿。然而,假如你是属蛇或属猴的人,看到这里褒贬不均的说法,诸如"狡猾、诡诈"等,又该做何感想呢?谁能肯定属猪的人就不会狡猾,而属蛇的人就不忠诚呢?(图6)

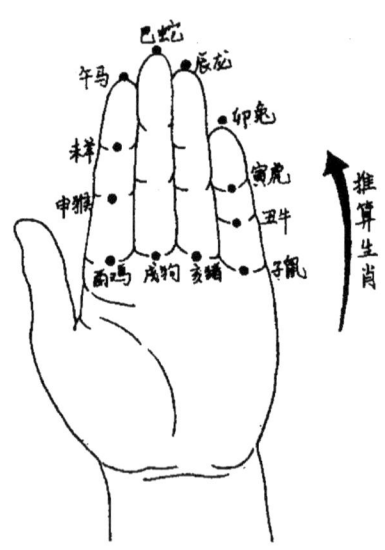

图6　人手推算生肖示意图
(选自苍彦、新民、玉秋编绘:《十二属相图谱》,中国文联出版公司,1987)

四、属猪者的本命年运程说

对于属猪者在猪年即所谓本命年中的运道,民间也有许多说法。不论

---

① 常公寿整编:《中国民俗与相术》,百花文艺出版社1989年版,第68—72页。

你信还是不信,这些说法总是凶多吉少,似乎让人无法回避。比如说,猪人见猪年,年犯太岁,交友不利,小人捣乱,事业不定,偶存脓血之灾。又比如说,什么朱砂在身,良谋不顺。为趋吉避祸,可安居少动,三餐依时,求得心宽体胖,等等,不一而足。下面仅介绍香港的留美硕士宋韶光以理性态度解说中国属相性命之学的看法。1995年是猪年,他专为该年撰写的《猪年运程》一书中讲道:

生肖属猪的人,今年流年运程相当反复,不时潜伏暗涌,故此必须小心戒备。

事业方面,今年进展甚佳,颇有建树,特别在年初的发展最为畅旺,但必须提防小人掠夺,以致徒劳无功。今年上司可能诸多挑剔留难,以致下半年工作压力大增;若是真的无法改善彼此关系,还是早些转换工作岗位为宜,因为拖延下去,只会使事态更加恶化。

今年不宜创业,若是与生肖属兔的人合作则无妨而有利。

属猪的青少年,今年领悟力特强,甚具创作性,倘能专心钻研,今年在学业方面定有突破性的进展,读书之余不妨多参加一些艺术性的活动,可能因此发掘出自己的潜质,改变一生。

属猪的主妇,今年若有身孕,必须注意安胎,千万不可忘记按时接受医务检查。未婚少女则不可目空一切,应该多些发掘别人的优点,很可能会在身旁找得理想的配偶哩!

财运方面,今年尚佳,只可惜浮沉不定,故此难以积聚,请不要贪图偏财,以免因贪成贫,特别是在农历四月、九月、十二月最要小心留意。

健康方面,今年身体状况并不理想,必须注意饮食卫生,小心保养肠胃。农历九月、十月特别要注意交通安全,以防有血光之灾。

感情方面,年初乏善足陈,幸而年中会有新发展,但不宜强

求,若是顺其自然,很可能有无心插柳柳成荫的意外之喜。①(图7)

亥命屬（猪）	出生年	一九九五	一九八三	一九七一	一九五九	一九四七	一九三五	一九二三
	農曆干支	乙亥	癸亥	辛亥	己亥	丁亥	乙亥	癸亥
	虚齡	一歲	十三	廿五	卅七	四九	六一	七三
	紫白	五黄	八白	二黑	五黄	八白	二黑	五黄
	風水命卦	男坤土西 女坎水東	男艮土西 女兑金西	男巽木東 女坤土西	男坤土西 女坎水東	男艮土西 女兑金西	男巽木東 女坤土西	男坤土西 女坎水東

图7 亥命属（猪）表
(选自宋韶光:《猪年运程》,香港博益出版公司,1994)

我们面对这些说明和注意事项,感到作者言之凿凿,似乎很有些微妙的道理。但是用理性分析的眼光去寻找作者立论的根据和推理的逻辑,却又感到茫茫然无从措手。同是本命年,为什么有的月份做事就吉利,另外的月份就不吉利呢?根据什么理由判断在感情上年初没戏,而年中就有进展呢?诸如此类的问题,越是追究下去越是说不清楚了。这究竟是怎么一

---

① 宋韶光:《猪年运程》,香港博益出版公司1994年版,第9页。

回事呢?

原来,属相与性格说也好,属相与本命年运程说也好,还有属相与血型、缘分、星座等模式化的说法,都不是科学理性思维的产物。如果是受过科学思想训练的人,难免不会对此一类说法产生怀疑。追本溯源地看,此类民间信仰观念的发生同占卜思维具有相同的取向,或可视为源远流长的占卜传统在当代的遗留物。

占卜的实质在于探寻鬼神等超自然存在的意向,并据此推测吉凶,决定人的行动,以求趋利避害。属相和占卜的密切关联,在某些少数民族中还保留着较原始的形式。如我国彝族占星术的一种基本形式就是十二属相占。彝族不仅用十二属相记年,还用它来记月和记日。各属相日的吉凶测定,是以生活中发生的经验事实为推测基准的,因而带有明显的偶然性、随机性和地域性。例如四川凉山雷波县彝民中流行的传说:古代大神白天父的母亲在属蛇的那天生病,在属马那天占卦。当天恰逢他家修房子,只好停止。属羊的那天治病未果,在属猴的那天死去。属鸡的那天洗脸,属狗的那天送丧,属猪的那天火化。由于白天父的伤心,属鼠那天什么事也没做。属牛的那天续修房子,属虎那天修好。到属龙这一天就轮完了。

这个彝族传说的目的是为十二天一轮的每一天确定吉凶,从中得出的教训是:蛇日是防生病,这天患病不易治好;马日修房不吉利;羊日不宜看病,因为治不好;猴日因死人而属凶日;鸡日不宜洗脸、剃头和沐浴等;狗日不能出门,因为那天是报丧日;猪日不息吉,因为是火化日;鼠日是伤心日,不能做道场;属牛那天宜兴土木;属虎那日是吉日,原先开始的事得以完成;属兔之日未提到。大约一切顺利,也算吉日;属龙这天因为是一个周期过去了,怀着新希望,也是吉日。彝族星占学家卢央对此评价说:

> 很显然,这是一个尚未完成的传说。它企图对十二个属相的吉凶作出一种解释和规范,本质上就是对鬼神意向进行探索的一个初步结果,大约这类传说还有不少。……
>
> 什么日子吉利,什么日子凶的规定似乎还有一个经验的过程。比如在一个地区发生一个什么重大事件,给人们以极强的刺

激,长久地留在人们记忆中,有的甚至流传到后代,这个日子的吉凶往往就这样定下了。①

从彝族的十二属相占卜的情况中,我们不难看出属相观念与占卜活动的古老渊源关系。这对于深入理解汉民族关于属相与性格、星相、命运等相联系的种种模式化说法的起源,提供了一面可以反观和参照的镜子。原来某一属相的人在某年、某月、某日做某事的吉凶测定,就是这样在古代以个别人的生活经验为基础,按照类似于随机抽样的逻辑而升格为貌似具有普遍性的规律的。

为了使占卜的结果具有更广的适用性,总结成某种人人都易于理解和应用的固定程式,民间智慧的代表还可利用吉凶祸福相对应的二元对立模式,制成一目了然的图表。下面就是雷波一带彝民曾用过的判断吉凶的表格,其编制原理在于将十二属相记日和记月两种方式结合为一体。(图8)

鼠月(子)	鼠日忌去	牛日忌来	兔日冲客	龙日冲主
牛月(丑)	牛日忌去	虎日忌来	龙日冲客	蛇日冲主
虎月(寅)	鼠日忌去	龙日忌来	蛇日冲客	马日冲主
兔月(卯)	鼠日忌去	马日忌来	马日冲客	羊日冲主
龙月(辰)	鼠日忌去	龙日忌来	羊日冲客	猴日冲主
蛇月(巳)	鼠日忌去	兔日忌来	猴日冲客	鸡日冲主
马月(午)	马日忌去	鼠日忌来	鸡日冲客	猪日冲主
羊月(未)	鼠日忌去	龙日忌来	狗日冲客	猪日冲主
猴月(申)	猴日忌去	龙日忌来	猪日冲客	鼠日冲主
鸡月(酉)	牛日忌去	鼠日忌来	鼠日冲客	牛日冲主
狗月(戌)	羊日忌去	虎日忌来	牛日冲客	虎日冲主
猪月(亥)	兔日忌去	虎日忌来	虎日冲客	兔日冲主

图8 彝族十二属相月日禁忌表

(选自卢央:《彝族星占学》,云南人民出版社,1989)

---

① 卢央:《彝族星占学》,云南人民出版社1989年版,第21页。

第二章 从野猪到家猪

一、从"逐肉"到"养肉"

动物的驯化是生物进化史上前所未有的划时代革命。被驯化的动物彻底告别了其野生祖先的生活习性,它们的生命存在本身也成了驯化者的意志和功利需求的某种附属物和保证。从这种互动关系上看,被驯化之畜群不是这个星球上生物种自然选择的结果,而是人类中心主义价值观开发、利用和改造自然的活例证。畜群反过来给驯化者——人类的生存方式带来了巨大变革的可能性,一种稳定的、可调控的肉食和其他副产品的供给制度,一种足以替代人力本身的劳动和运载工具的发现。不仅使人类永远告别了那"飞土逐肉"的无规则生活方式,而且大大促进了人类迈向文明的进化过程。

驯化揭开了人与动物关系史上崭新的一幕。对驯化者来说,动物从野生到家养意味着一种人为操纵的遗传选择,意味着某种生物种为了人的专门需要而特殊发展某一方面的性能。(图9)野绵羊没有毛,野牛的奶仅够幼仔食用,未经驯化的鸡不会产多余的蛋。而脱离了自然放任状态,在人

图9　驯化了野性的家猪

的安排和照料之下重新开始新的生命再生产的各种家畜和家禽,就可以发展繁育为长毛、产奶、生蛋等专门化的经济动物了。驯化的绵羊成了人类高效御寒毛织物的不竭之源,驯化的山羊和奶牛使有限的人奶得到无限延伸,使人类成为哺乳动物中唯一可以终身兑现食乳欲望的特殊物种。而由此衍生出的奶油、奶酪等多种乳制品也大大改善了人体的饮食结构和营养水准。更不用说名目繁多的产蛋鸡和肉鸡品种如何成了人类专用的动物蛋白质的活储存库。尽管从纯功利的经济效益着眼,也出现了在"杀鸡取卵""竭泽而渔"一类成语中体现的那种反对极端耗费动物生命的观点,但这丝毫也不意味着驯化者对被驯化物的怜惜和仁慈。如果说在宇宙中得天独厚的人类对于大自然天造地设的其他物种都不抱有必然的珍爱怜惜之情的话,那么又怎能奢望人类对于由他自己所驯育的和喂养的生物物种心慈手软、礼敬如宾呢?尽管达尔文说过,同情下等动物是人类天赋的一种美德。

野生动物曾经是人类进化途程中天然的竞争对手,终于在"适者生存"的残酷竞争中败给了人类。可以说现在一切物种的生杀予夺大权都已归入了人的掌握之中。大量生物走向灭绝已然成为不争的事实。除非在人工营造的动物园、水族馆一类场所，人们要看到丰富多彩的野生动物世界已非易事。唯有少数经过驯化的生命形态转换的物种——牛、羊、猪、马、驴、鸡、鸭、狗、猫等，在现存数量上远远超过其野生状态的祖先时代，表现出与日俱增的兴旺繁荣，似乎非但没有绝代断种之忧，还会与人类共存共荣下去。在这个意义上，我们可以赞同某些人类学家的一种意味深长的说法：畜牧业的发明是地球有史以来最伟大的动物保护运动。

如果要进一步追问，为什么这少数种类的动物能够获得有史以来的这种伟大保护？那么最简明扼要的答复应该是：这些动物已不再是自然生命的自然延续，它们已然成为人类文化的有机组成部分。（图10）

图10　猪形铜器纹饰

（选自苍彦、新民、玉秋编绘：《十二属相图谱》，中国文联出版公司，1987）

神学人类学家潘能伯格指出，人的"唯我性"使其使命具有无限性，促成他敢于面对世界和未来的开放性。"在其行为对世界的开放性中，人们已经处于实现自己的使命的途程之中，人类学的行为研究向我们表明，人追求的目标是什么,这对人来说不是从一开始就由遗传本能决定的。在人那里,本能行为的残余部分只构成他的存在的一个极其微小的部分。此外,人必须自己决定,他要把自己的时间以及在某些情况下自己的生命投入到什么样的目的之中。他必须自己寻求自己的使命,弄清自己希望什么。为此,他必须在世界上全面地辨明方位。但是,他既不能在自然界中,也不是在社会中找到自己生活的具有最终约束力的尺度,在任何地方他都找不到自己生活中一切个别决定所从属的、无疑是最终的目的。关于自己的使命的问题,使他无法在暂时性的回答中得到安宁,并推动他继续寻找。"①按照如此界说的人的唯我性使命追求,世上一切除人之外的有机物和无机物,都只能充当人类实现其使命的手段,永远也不能成为目的。一部人类文化史,在某种意义上就是人类征服、改造、利用自然的历史。野生动物,曾作为人类猎捕宰杀的对象,但其野生的兽性尚未被人类所征服。家养牲畜,作为已被征服了原生野性的动物,是人类文化如何改造、利用自然的最好见证,也是人类唯我性使命在宇宙中衍生出的活的旁证。(图11)

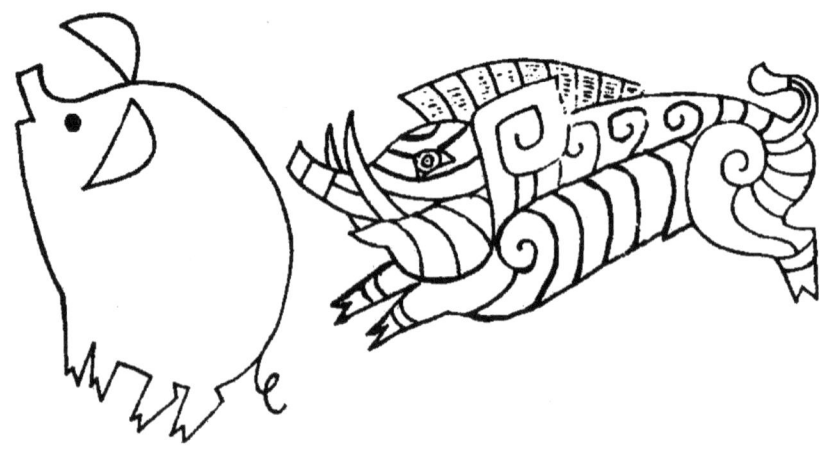

图11 野猪与家猪的造型对比之一

(选自湘麟、锦珠、吴镭等编绘:《动物装饰图集》,上海书店,1993)

---

① 潘能伯格:《人是什么——从神学看当代人类学》,李秋零、田薇译,生活·读书·新知上海三联书店1997年版,第51页。

在拥有4000年文明的中华文化中,文献记载中相传最早的莫过于黄帝时代的《弹歌》,无论从其二言诗的形式还是诗中所言内容来看,都似乎表明了它的原始古朴性:

> 断竹,续竹,
> 飞土,逐肉。

这首古歌讲的是进入农业和畜牧业生产之前的人类基本生存方式,验证着狩猎活动作为人与敌对的野生动物之间生存竞争的残酷性质。传诵《弹歌》者是楚人陈音,他对越王解释射箭技术的由来时引用此歌为凭证:

> 臣闻弩生于弓,弓生于弹。弹起于古之孝子。不忍见父母为禽兽所食,故作弹以守之。①

这里的孝子说虽未必可信,但毕竟反映了那种人与禽兽相互为食的原始状态的某些真相。其实对于狩猎社会成员来说,对人类并不构成相"食"威胁的弱小动物也照样可作为猎杀对象。"不忍见父母为禽兽所食"云云,看来是要把人对野物的主动性攻击解说成不得已的自卫行为。尽管如此,我们还是从《弹歌》看到人类进化途程中数百万年的"逐肉"生涯之缩影,印证人类学上所说的"弱肉强食"的生存哲理。"逐肉"作为从猿到人的漫长演变中不可或缺的过渡阶段,奠定了人与动物关系的基本模式。在此基础上衍生的畜牧生产方式,当然可以看成"逐肉"向"养肉"的具体改变。

"棒打狍子瓢舀鱼,野鸡飞到饭锅里。"这首当代民谣作为对原始《弹歌》的千年回响,表明"逐肉"的生活方式虽然已在大范围里成为过去,但数百万年来的食肉实践和荤腥口味却顽强地保持下来。让野生动物自动来到食肉者的锅碗里来,这与其说是人兽共生的自然秩序的夸张表现,不

---

① 逯钦立辑校:《先秦汉魏晋南北朝诗》(上),中华书局1983年版,第1页。

如说是嗜荤之人在供不应求的条件下的白日梦想。能够从根本上解决食肉危机,变幻想为现实的手段就是"养肉"一途。

笼统地说,由狩猎到驯化动物的伟大转变可以视为人类肉食来源从"逐"到"养"的转变。确切地说,在被驯化的多种动物中,似乎唯有猪这一种动物更适合于"养肉"的目的。美国人类学家摩尔说:"驯养各种动物,其目的各有不同——养羊为它的毛,养马为它的气力和驰驱,养牛为它的乳和筋肉,养猪为它的肉,养家禽为它们的蛋和羽毛,养狗为的是用以打猎和做伴,养蜂为它的蜜,养金丝雀为听它的歌唱,养金鱼为它的美丽可爱。"①在摩尔列举的九种人工饲养动物中,单纯"为它的肉"而养的唯有猪一种。另一位人类学家对此做了更进一层的解说:

> 猪和其他家畜不同,人们养猪主要是为了取肉。猪不能产奶,不能当坐骑,不能看牧其他牲畜,不能拉犁或背负重物,也不能捉老鼠。但猪作为肉类提供者却无可匹敌,在整个动物王国中,猪是把碳水化合物转化为蛋白质和脂肪的效率最高的动物之一。猪每吃100磅饲料,就大约能长20磅肉,而牛吃同样多的饲料只大约长7磅肉。以每卡饲料热量所产出的热量看,猪的产出效率是牛的3倍多,是鸡的两倍多。②

这种以取"肉"为至高目的的畜养活动甚至也可以溯源于"逐肉"时期的猎人们对狩猎生产效率的追求。汉字"逐"字本身便从豕会意,这就表明在追逐、驱逐、放逐等诸多引申义项发生之前,"逐"本来曾专指追捕野猪的人类行为。而追捕野猪的"逐"之行为目的也无非是为食用其肉,这已在《弹歌》的"逐肉"二字中和盘托出了。正好像"养"的概念在引申为修养、涵养、教养、养育等等之前,曾专用于指称饲养羊的行为。

---

① 摩尔:《蛮性的遗留》,李小峰译,海南出版社1994年版,第2页。
② 马文·哈里斯:《文化的起源》,黄晴译,华夏出版社1988年版,第125页。

二、驯化：野猪与家猪

古人很早就知道野生的猪和家养的猪在物种上是同源的，这一点仅从外形的相似性上便可得出直观的判断。但是在驯化初始的时代以后，科学的认识形成之前，人们并不能肯定家猪是从野猪演变出来的。于是就有了讲述二者同时起源的神话故事。台湾布农人的一则猪起源神话说道：

> 古有二兄弟。有一天，哥哥说："我想做一只山猪！"弟弟说："既然如此，我就做一只家豚！"哥哥撕下弟弟的衣服，用火烧一烧，拿给弟弟闻一闻，说："这就是你的体臭！"弟弟则撕下哥哥的衣服，用火烧一烧，拿给狗闻一闻，说："你到山中去，就凭着这一股气味，去找出山猪栖息的地方来！"然后，兄弟两人都各依其言，做了山猪和家豚。[1]

这则神话十分质朴，把野猪与家猪的由来追溯到远古两兄弟的造物竞赛，结果每人都能如愿以偿，心想事成。如果从理性和逻辑的立场去分析，显然有很大的破绽。如果世上本来就不存在猪这种生物，兄弟俩怎么会想到要做猪呢？这里的悖论同上帝创造世界万物的悖论其实是一样的。神话思维时代当然不会考虑理性思维的逻辑。

还有一则布农人神话讲道："家豚和山猪在古时候的交情不错，有一天，家豚向山猪说：'今天请你吃地瓜！'山猪回答说：'谢谢你的盛情厚意！可是，我想吃的，是人的大腿肉。至于地瓜，那就留着你自个儿吃吧！'职是之故，如今的家豚依然喜食地瓜，至于山猪，则依然打着人腿的主意。"[2] 这个神话虽然也分辨不清家猪、野猪的源流关系，而是把二者看成同时共

---

[1] 尹建中编：《台湾山胞各族传统神话故事与传说文献编纂研究》，台湾大学考古人类学专刊第二十种，1994年，第143页。

[2] 尹建中编：《台湾山胞各族传统神话故事与传说文献编纂研究》，台湾大学考古人类学专刊第二十种，1994年，第151页。

生的动物,只由于食性的不同而分化开来,但却从食性不同的表象背后透露出人猪关系发展史上两个截然不同阶段的价值观:在家猪尚未出现的狩猎阶段,人与猪之间只有对立和敌视的关系。猎人捕猎山猪的目的无非是"逐肉",而山猪也同样以人的大腿肉为美味。这种人猪互食的可怕记忆在人的集体无意识中留下深刻的印记,将人与野猪的敌对关系给予生动的写照。如一则邹人神话所述:

  从前有二个兄弟去山上打猎,当时山上山猪很多,它们像牛一样大。那时候他们带着猎狗,山猪就先把猎狗吃了。猎狗吃完了,山猪追赶着这二兄弟。哥哥跑得快,山猪追到弟弟把他吃了。
  日后哥哥与他人一块上山,他们找到山猪栖身的草原,便放火烧山,那群山猪均烧死了。他们将烧死的山猪肉割起,丢给猎狗吃,但猎狗并不食吃人肉的山猪。[①]

这个神话将其大如牛的山猪描绘成以人、狗为食的凶猛野兽,如同食肉动物狮子、老虎。而猎狗反倒"不食吃人肉的山猪",这实在是出于人类主观好恶的需要对动物本性的歪曲夸大。现代生物学告诉我们,猪本是哺乳动物,属于偶蹄目不反刍亚目的一个大型猪科。猪科中有鹿豚亚科(Babirussinae)、西猯亚科(Tajassinae)和猪亚科(Suinae)。猪亚科又分五个属:矮猪属(Porcula)、河猪属(Potamochoerus)、林猪属(Hylochoerus)、疣猪属(Phacochoerus)和猪属(Sus)。猪属中则包括许多野猪种和家猪品种。猪属动物出现在中新世,距今2500万—600万年,从发源地东南亚扩展到中亚、非洲和欧洲,后蔓延到整个新旧大陆。猪属在哺乳动物中并非食肉目(carnivora),因此不具备以其他动物为食的食肉习性。倒是由狼演化而来的狗具有食肉习性。不过野猪性情凶暴,常常对向它发起攻击的猎人们展开反攻,很容易发生咬死、咬伤人的惨剧。所以初民的神话误将其

---

① 尹建中编:《台湾山胞各族传统神话故事与传说文献编纂研究》,台湾大学考古人类学专刊第二十种,1994年,第333页。

归入可怖的食肉动物之列。

根据对猪骨化石的研究及其他生物证据,动物学家们已经证实现代家猪即驯化猪(sus scrofa domesticus)的祖先属于野猪(sus scrofa)种,后者的生活区,从新几内亚及欧亚大陆的太平洋沿岸向西,经欧洲、北非而至大西洋沿岸。多数学者认为,野生的猪主要栖息在林木茂盛的生态环境中。一位名叫里德的考古学家则认为,野猪并非主要是森林动物。凡是在水和隐藏这两种需要能得到满足的地区,不管是在森林、草原,甚至半沙漠,或靠近泉水、河流沼泽的沙漠内,都能发现它的存在。① (图 12) 野生猪属分布的广泛性可以从一个侧面说明家猪存在的多源性和普遍性。驯化学家伊萨克认为,猪"有许多局限于特定地区的亚种,但它们关系密切,而且存在于邻接地区各亚种间的连续性也显而易见。看来,生态条件和地方性繁殖区域,可能是造成差异的原因。人们一经开始驯化野生的猪,一些地方性的亚种,就有可能被引进而加入驯化猪这一类。在欧洲,人们在不久以前,有意识地这样引进野生的猪;在东南亚,目前还是这样地干。当野猪闯进驯化猪群的时候,也会无意识地发生这种杂交的现象(把地方性野猪引进驯化猪群的一个原因,可能是为了恢复驯化猪被破坏的繁殖机能。当猪是为了多长肉和脂肪而被饲养的时候,内分泌的变化促进脂肪的积累,但常常大大减弱繁殖的能力)"②。野猪和家猪交配能生产有繁殖力的后代,这一事实可以为二者在生物学上的同源关系提供有力的旁证。

在神话思维人兽不分的逻辑作用下,这种同源关系常常通过人猪通婚的血缘母题表现出来。下面便是布农人神话中一个典型的例子:

> 妻子每日要单独到田中赶鸟,丈夫觉得奇怪,跟踪妻子,却发现她与山猪交媾。于是第二天丈夫在未晓前即到达田中,看到山猪由对面来,于是把石头扔向山猪,扔了三堆石头,终于把山猪杀

---

① 查尔斯·里德:《对史前时期近东动物驯化方面考古学证据的检讨》,载《古代东方文明研究》第 31 期(1960)。
② 埃里奇·伊萨克:《驯化地理学》,葛以德译,商务印书馆 1987 年版,第 111 页。

图12　土耳其史前崖壁画中的大野猪
（选自陈兆复、邢琏：《外国岩画发现史》，上海人民出版社，1993）

死了。丈夫将山猪搬回家，妻子质问丈夫为何杀了山猪。而丈夫则把山猪肉递给妻子，但妻子却一再拒绝。丈夫将肉插在刀尖，妻子不受，但被刀刺中死了，她肚中有10只小猪，2只被刺死，而有4只跑到tainunto（屋中深处）变成了山猪，另4只走出家门变成了家豚。①

这一故事的值得注意之处在于，它不只是一般性地确认山猪和家豚的同源性，同时也强调出山猪在血缘传承上先于家豚的祖系地位。由纯然野生的山猪到家豚之出现，乃是人类与猪杂交后的派生产物。这样就在人兽交的淫乱母题中间接地暗示出家猪产生过程中人类的决定性作用。在这个看似荒唐的故事中，潜含的理性内容可以理解为初民对家猪起源的文化难题的解答。其最终的结论可归纳为两层意思：

第一，家猪以野猪为初祖，没有野猪也就没有家猪。

第二，野猪变为家猪是人为因素干预的结果；没有人的干预野猪就已存在，但没有人的干预却不会有家猪的诞生。

受过科学熏陶的人也许不会轻易认同上述推论。家猪明明是人类从

---

① 尹建中编：《台湾山胞各族传统神话故事与传说文献编纂研究》，台湾大学考古人类学专刊第二十种，1994年，第158页。

野猪中驯化得来的,怎么能说成人猪交配后生出的变种呢？熟悉神话的象征思维就不难解答这一逻辑悖论:交配在神话中绝不仅仅意味着淫欲的行为,它往往正是用来表达驯化野性、获得进化突变的契机和手段。俗话说,龙生龙,凤生凤。山猪和山猪的结合,只能生育出山猪。而山猪一旦和进化程度极高的人相结合,就能在山猪原种之外生出家豚来。这情节里面显然包含着某种优生学的意味。人猪交配,对于故事中的人妻来说,可以视为变态淫欲驱动下的降格以求;而对于山猪一方来说,则是获得弱化野蛮本性,改良自身品种的机会。由此可知,交配在这个神话虚构的世界中象征性地替代了现实世界中的驯化过程。如果说这一点在此还不甚明确,那就让我们再看另外一个例子。

有世界第一部史诗之称的巴比伦史诗《吉尔伽美什》距今已将近4000年了。其中有一段有趣的插曲讲到第二主人公恩启都的降生,出现在读者面前的是一位茹毛饮血、不吃人饭、不通人言的兽人——他虽具有人形,却浑身是毛,和兽群生活在一起。这位兽人同一位来自发达城邦神庙的圣妓交媾六天七夜之后,便脱离了兽群,身体发生了奇妙的变化:

> 他抬头望了望野地的动物。
> 羚羊看见他转身就跑,
> 那些动物也都纷纷躲开了恩启都。
> 恩启都很惊讶,他觉得肢体僵板,
> 眼看着野兽走尽,他却双腿失灵,迈不开步。
> 恩启都变弱了,不再那么敏捷,
> 但是如今他却有了智慧,开阔了思路。

这位兽人的人化过程是同神妓结合的结果,这一细节亦含有深刻的象征意义。它以两性的结合象征着家庭生活之始,象征着生物的人走向社会的人。我国古籍中还保留有伏羲"始嫁娶,以修人道"(《拾遗记》)、"女娲祷祠神祈而为女媒,因置婚姻"(《绎史》卷三引《风俗通》)的说法,都是把人文之始同婚配联系在一起。这种特别的联系透露着原始思维的真实,反映着初民对自然与文化的区分标记,正如列维-斯特劳斯从印第安神话中所观察到的用"生食"象征自然,用"熟食"象征文化的神话思维逻辑一样。① 可见,无论是野人还是野猪,均可以按照神话的逻辑通过与女性交合而消解野性,完成自身的进化。

野猪在自然选择作用下经过千百年的生存竞争,它的形体和习性都和野生生活环境相适应。家猪在人类喂养下,通过杂交、选种选配和改善饲养管理条件的影响,使猪的特征特性得到深刻改造,几乎变成了另一种完全不同的动物。(图13、图14)

图13 唐代野猪纹饰

(选自黄能馥、陈娟娟编著:《中国历代装饰纹样大典》,中国旅游出版社,1995)

例如,野猪需要自己找食,食物的量和种类都有季节性变化,所以野猪的体重是春季小,而夏末秋季大,并且只有在后一个时期内才沉积脂肪,但肌肉内不沉积。家猪每天都可获得大量营养物质,消失了体重的季节性差异,一年中任何时候都能沉积脂肪,在充分饲养下,肌肉间也贮满脂肪粒,使肉质变得细嫩多汁。特别是在小猪时期,给予丰富的营养,加速了猪早期发育阶段的生长,再结合杂交等育种措施的影响,提高了猪的早熟性。在野猪的食物中,主要是植物的根、块根和块茎类,部分是昆虫等动物性食物,而家猪吃的多是植物的地上部分,体积较大。食物种类的改变,影响了

---

① 叶舒宪:《英雄与太阳——中国上古史诗的原型重构》,上海社会科学院出版社1991年版,第39—40页。

消化器官的发育,肠长与体长之比,野猪为9∶1,欧洲家猪普遍为13.5∶1,我国地方猪达到16∶1。我国有些地方的猪种肠道更长,是长期充分利用青饲料喂养的结果。

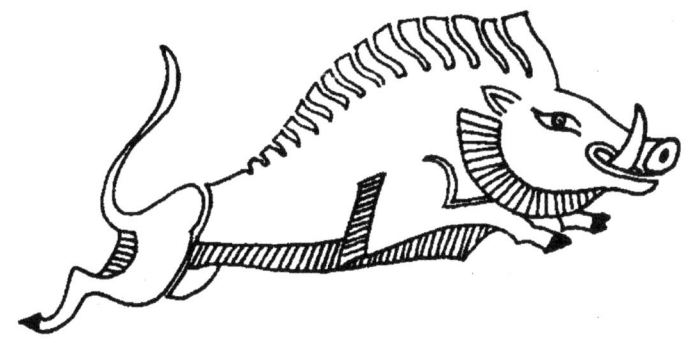

图14　现代画师笔下的野猪

(选自苍彦、新民、玉秋编绘:《十二属相图谱》,中国文联出版公司,1987)

在交配方面,野猪表现出严格的季节特征,即每逢秋末冬初时才开始性活动。因此,这时的野猪最肥壮,同时还能保证仔猪出生在温暖季节里,带仔母猪能获取丰富的食物。性活动的严格季节性有利于野猪的种族延存,世世代代的自然选择也就淘汰了非季节性繁殖的个体。人类为了提高猪的繁殖力,不仅改善猪的营养,给仔猪提供良好的生活环境,并且选择产仔多而非季节性繁殖的个体做种用,使猪的性季节特征在进化过程中逐渐消失,一年生一胎变成生两胎;又因受杂交的影响,每胎产仔的数量也大有提高。①

人类学家摩尔曾据他的观察对野猪与家猪的异同做如下描述:

> 野猪是一夫多妻的。它们像近亲犀牛一样是爱湿地的动物,在烂泥中鼻掘或打滚,在日光中睡觉或默想。它们临到危险的时候,互相很忠心。倘若群中有一猪发出警叫声,全群冒着生命的危险救它出难。它们用竖直的刚毛,发出使听者毛发悚然的叫

---

① 参见张龙志主编:《养猪学》,农业出版社1982年版,第5—6页。

喊,攻击敌人。……

自从它们生活在圈栏之后,这些本能大都已没有用了,然而凡是熟悉猪的人都知道家猪何等忠实地保持祖先的这些本能。我在幼年看见小猪遇到危险时,突然变为没有生气(看见它们伏在地上,一动不动,仿佛已经死了的样子)往往很诧异。①

如果从这种直观印象上的对比,转到更具有科学性的概括说明,我们还可以进一步认识到,人类的驯化究竟给猪属动物带来哪些惊人的变化。

野猪的神经系统、头、脚和前躯(容纳心、肺器官)很发达,中躯短,后躯小,使得行动敏捷,并有利于防御和攻击敌人。这些比较发达的部位,虽然对生命活动很重要,但肉少且价值低。人类为了提高猪的产肉力,伸长了它的中躯,增加了腰臀和后腿的比重,这些都是肉多而价值高的部位。腰臀和后腿是身体上的晚熟部位,只有在营养充足的条件下,才能很好发育和提早发育。

猪在驯养后,被限制行动和圈养,影响了它的运动器官的发育,一代代下去,四肢变得短而细,同时警觉性差了,性情也温顺了。有研究材料报道,家猪的大脑半球的脑回和沟数减少,并且半球皮层的面积也变小,比较同龄野猪和家猪的皮层面积,变小达30%。②(图15)

野猪和早期家猪在特征特性上有着不同,原始家猪与现代培育的品种猪又有显著区别,将来的家猪与现代家猪还会有很大差异。从当前世界趋势来看,家猪正在向瘦肉多、脂肪少、用料省和繁殖力高的方向进一步发展。换句话说,在人工定向的驯化旅程上,仅用了8000年的时间,猪这种牲畜已经远远地背离了其野生祖先数百万年以来形成的生活习性、生理状

---

① 摩尔:《蛮性的遗留》,李小峰译,海南出版社1994年版,第55—56页。
② 张龙志主编:《养猪学》,农业出版社1982年版,第7页。

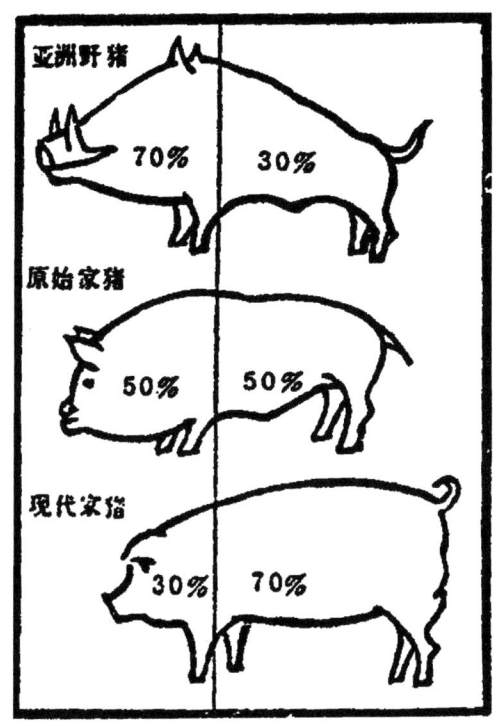

图15 野猪与家猪的形态比较

（选自宋兆麟、黎家芳、杜耀西：《中国原始社会史》，文物出版社，1983）

态和进化轨道，几乎成为一种新的人造生物，而且越来越变得"猪将不猪"了。在日新月异的生物技术特别是克隆技术向我们扑面而来的今天，也许任何一种对未来之猪的推测都难免是有限的和相对的。

下面仅就科学家对现有家猪的生物学特性的认识，列举数端以供参考：

1. 多胎高产、世代间隔短、周转快。
2. 生长期短、发育迅速、沉积脂肪能力强。
3. 杂食、能充分利用饲料转化成营养价值高的肉品。
4. 不耐热。
5. 嗅觉和听觉灵敏、视觉不发达。
6. 定居漫游、群体位次明显、爱好清洁。[1]（图16）

---

[1] 张龙志主编：《养猪学》，农业出版社1982年版，第8—14页。

图 16　野猪与家猪的造型对比之二

(选自湘麟、锦珠、吴镭等编绘:《动物装饰图集》,上海书店,1993)

对于上述归纳,也许有些条目与我们的日常经验相左。如说猪"爱好清洁",这和我们熟知的肮脏之猪实在对不上号。这种南辕北辙式的价值错位其实是生物学知识与文化观念的错位。孰是孰非,拟留待后文再做探讨。

三、驯化地理学:谁先养猪

猪在各种家畜中是争议颇多的一种。尽管猪同其他家畜一样早在史前时代就已进入了人类的生产和生活,但绝不是所有的文化都能像对待鸡和狗那样一视同仁地对待猪。中国文化传统把猪作为人的属相之一,反映着我们这个食猪大国特有的价值观,但这并不是其他文化所能够完全理解和无条件认同的。考察猪在不同的社会中的不同境遇,自然免不了要碰到一个溯本求源的问题:在地球上是哪个地方、哪个民族的祖先率先开始养猪的呢?

尽管现代考古学已经提供了不少证据和线索，但目前对此一问题的解答尚有相当的争议，距离客观的定论还有一定距离。美国学者伊萨克写道："由于猪的野生祖先生活区很广，在不久以前，地方性的驯化猪和野生猪又很相似，所以很难确定驯化起源的地区。笔者相信，从现在可用的证据来看，最好的假说是猪的驯化起源于西亚。驯化的起源地不在欧洲，这一点似乎是肯定的，因为驯化猪在那里出现得相当突然，而且是和其他驯化动物一起出现的。东亚的渭河及黄河流域，即中国文明的发祥地，大概既不是驯化起源地，也不是一个独立的驯化中心。那里的许多早期遗址内部发现了驯化猪，但它们的骨骼特征都不像是中国的野生种类。虽然有些学者认为：东南亚是猪的驯化起源地一部分的原因是那里有许多不同的养猪方法（其中包括畜养半驯化的猪），和驯化猪与野生猪之间常有密切的接触，但是还没有使人相信这一说法的考古学证据（尽管人们已对东南亚的文化遗址做了大量的调查研究）。在松朗－森（Somrong-Sen）文化中，驯化猪仅仅出现在公元前2000年左右。该文化从恒河下游向东南方延伸，横过整个印支半岛，远达云南高原和台湾。它最初是逐渐出现于西部，并且同西方的其他文化有联系；但到东部，它得到了充分发展；所有这一切都使人觉得它的起源地是西方，而且养猪的方法，也是和与其有联系的文化一起从外部引进的。伯特格提出：可能是松朗－森文化把养猪法传播到东南亚及中国。"

伊萨克写道："在安纳托利亚和库尔德斯坦发现的考古学证据，都有助于说明近东是猪的驯化起源地，因为在公元前7000年中期，那里似乎已有了驯化猪的活动。后来猪在美索不达米亚地区成为很重要的家畜。在以前，印度常被认为可能是驯化猪的一个起源中心，现在人们不再这样看了，因为在第一批驯化猪在那里出现以前，存在着一段将近4000年的间断时期。不管最初的近东驯化中心究竟是在哪个地区，养猪的做法必已广泛传播到整个西亚及其以外的区域，野生的和引进的猪同样得到人们的饲养。"[①]这种西亚起源说在西方学界有较多的信奉者，但仍有相对的意见，

---

① 关于驯化猪起源的讨论，转引自埃里克·伊萨克：《驯化地理学》，葛以德译，商务印书馆1987年版，第111—113页。

比如说东亚起源说,不过其影响力似不若西亚说那样流行。

从理论方面看,野生动物的人工饲养同农业的发明与发展有着密切的联系。因而,结合农耕文化的起源来探讨家猪的起源,也是一条行之有效的途径。奥地利人类学家和历史学家革尔登、门金等人提出:新石器时代遍布全球的最古老的农业生产经济是所谓"圆柱形锄文化",其特征在于使用一种横断面呈圆形的石斧作为最早的锄。该文化的发源地在亚洲中部以南,有可能即现在的中国。其传播的迹象则北至欧洲,南至太平洋区的美拉尼西亚等地。德国人类学家利普斯指出:"'圆柱形锄文化'的农业经济虽然因地而异,总是常常和猪的培育和饲养联系在一起。这意味着只要可能便将野猪活捉加以饲养,常常是把它们关在栅栏中,直到需要吃它为止。这就是为什么很多发掘地点中发现的野猪骨多于家猪的缘故。"① 与这一观点相呼应的一种看法是开始实行动物驯化的是农民而不是猎人。主要理由可以举出以下三点:

第一,大多数已被驯化的野生兽群以前生活在古代农业区内,而生活在猎人活动区内的野生兽群则很少被驯化。许多原始的狩猎民族尚不知使用狗,而利用鹰、猎豹等动物进行狩猎的却是农业民族。

第二,欧亚大陆草原地带的游牧民族总是处在定居农业民族边缘地区,农民和游牧者拥有相同的驯化动物。而像猪这样的家畜更显然是农民而不是游牧者饲养的。

第三,只有在一个能够生产多余的和稳定的食物的社会里,饲养被捕获的动物才是行之有效的。

基于上述认识,有些学者甚至断言,农民是介于猎人和牧人之间的过渡和中介。没有从狩猎社会直接发展而来的游牧社会。澳大利亚的草原便是一个例子,那里没有农民,猎人也从未成为牧人。

初民古朴的神话传说也为农民发明养猪技术提供了可资参考的旁证。一则台湾排湾人神话讲道:古时有二兄弟,无父无母,难以维生。田间一位老人秘密传授给他们耕种之方:用木棍翻土后种下骨头和葫芦种子。不久

---

① 利普斯:《事物的起源》,汪宁生译,四川民族出版社1982年版,第92页。

之后,老人让他们到田间去看看。结果发现葫芦种变出粟,骨头成了猪。于是乎兄弟俩在田里杀猪做饭,好不快活。剩下的猪被赶回村里,村人笑他们把乌鸦当祖父。老人闻说后就吹着口哨说:"谷物和猪都消失吧!"于是什么都没有了。兄弟俩恢复原状,因饥饿而啼哭。①

从排湾人以农为主的生产方式看,此则神话作为某种性质的民族记忆,曲折地反映了农耕经验与养猪活动的同步发生历程。谷物与家猪不仅是由同样的人在同一时间培育而成的,而且就连二者的培育方式也被说成是同样的,只是播种时埋下的种有所不同。这样的神话表现一方面说明农耕文化同时开启了动物驯化与植物驯化这两扇经验之门,另一方面也表明在这两种驯化经验中更为根本的是植物的驯化。唯其如此,神话思维才会用播种与收获的农耕经验来解说家猪的产生。植物生命的再生产的奥妙被追溯到神奇的葫芦种子,而动物生命的再生产却有赖于骨骼。支持这种神话推理的经验基础就在于,古人看到动物死后肉身腐烂化为乌有,长存下来的只是骨头。可知这个种骨得猪的情节隐约透露着骨为生命力之原的神秘信念。

从两兄弟获得猪与粟的偶然性着眼,神话并未把驯化作为人的有意识的生产革新行为来加以表现,这恰恰反映了驯化本身有一个从自发到自觉的演进过程。在尚未获得自觉意识的情况下,猪和粟的得而复失也就在所难免了。美国人类学家哈维兰指出:"显然,植物种植者和动物的驯化者所追求的只是想把他们可以得到的食物资源增加到最大的极限。他们并没有意识到他们的行为所将带来的革命性后果。但当这个过程继续进行时,这些驯化种属的产量,相对于野生种属,就增加了。这样,它们对于他们的生存就变得越来越重要,结果导致对驯化的兴趣和对驯化管理的进一步加强。不可避免地,其结果将是生产力的进一步增大。"②

根据已有的资料,现在所知道的最早从事自觉地、有一定规模的动植

---

① 尹建中编:《台湾山胞各族传统神话故事与传说文献编纂研究》,台湾大学考古人类学专刊第二十种,1994年,第194页。
② 威廉·A.哈维兰:《当代人类学》,王铭铭等译,上海人民出版社1987年版,第201页。

物驯化的是约9000年前的中东地区居民。"这些遗址出现于从约旦河谷向东横跨托罗斯山脉两侧进入叙利亚北部和伊朗东北部,然后向南顺着扎格罗斯山脉两侧多山地带进入伊拉克和伊朗这一地区之中。这些遗址包含有栽培的大麦、小麦,及驯化的山羊、绵羊、狗和猪的遗迹。"①这也是地球上最早的定居农民公社村落的所在。值得注意的一点是,猪是稍晚于羊、狗等家畜在那里被最早的农民们驯养的,在后来的发展中,该地区猪的饲养又受到抑制,远不如羊和牛那样普及流行。至于这些早期农业居民的人种归属,一般认为是本土血统,也有学者认为是欧洲石器时代的尼安德特人(Neanderthal)之后裔迁移到西亚来的。②

与中东的农业文化发源地区遥相呼应的是东亚农业文化的兴起。黄河流域与长江流域均在约8000年前出现小米(黍稷)和稻谷的人工种植,驯化的动物也随后出现。与西亚不同的是,中国境内考古发现的最初家畜不是牛羊,而是猪。关于我国史前农民开始把野猪驯化为家猪的具体时期,从考古学的发掘看,似乎略晚于农作物的大规模驯化。在新石器时代遗址出土的猪骨经过比较、鉴定,如山东大汶口、福建闽侯昙石山、内蒙古赤峰药王庙夏家店、辽宁宁城南山根、河南淅川下王岗、陕西西安半坡、浙江余姚河姆渡等地都发现了相当数量的家猪骨骼。这些农业文化的遗址分布在北自内蒙古南至东南沿海的广阔地区。彼此间的距离一般在700—1300千米内外。据专家们推测,在当时那种森林覆盖,山河阻隔,道路未畅且无交通工具的情况下,家猪的驯化工作,很可能是各地的居民分别就地进行的,且进行的时间也不会一致。从世界的史前文化范围来看,像我国这样如此大面积地出现家猪饲养的地区尚不多见。还值得一提的是距今六七千年前的我国最早驯化成功的河姆渡遗址出土了一只人造陶猪,从其腹部明显下垂,前躯和后躯的比例几乎相等的体形特征来,与现代家猪较为接近。这说明河姆渡人的养猪实践已有相当悠久的传统积累,在世界畜牧史上占有较为领先的地位。(图17、图18)

---

① 威廉·A.哈维兰:《当代人类学》,王铭铭等译,上海人民出版社1987年版,第202页。
② 费佛:《人类的出现》,伦敦,1973年,第242页。

图17　河姆渡出土陶猪
（摹自宋兆麟、黎家芳、杜耀西：《中国原始社会史》，文物出版社，1983）

图18　山东胶县三里河出土猪形陶器
（摹自宋兆麟、黎家芳、杜耀西：《中国原始社会史》，文物出版社，1983）

从我国家猪饲养的情况看，也清楚地体现了猪的驯化和原始农业有密切关系。高式武先生对此的论证说："因为第一，猪不同牛羊等家畜，不能远距离放牧，只有在人类开始定居下来以后，才有可能圈养，而人类开始定居是以从事农业生产为前提的；第二，只有农业相当地发展了，才能给养猪事业提供必要的饲料。我国新石器时代考古发掘的资料表明：凡已出现原始农业的地方，都有养猪的遗迹出现，反之亦然，说明了养猪与农业，一开始便结下了不解之缘。甲骨文中的'家'字，也反映了这种情况，家字从'宀'从'豕'，说明猪'豕'是在人类居室之下饲养的，反映出养猪与定居生活的密切联系。"[①]

四、驯化生态学：为何养猪

养猪起源的情形已经大体明确，接下来的问题是要回答养猪的所以然。让我们还是先从神话所提供的古老线索入手。

我国珞巴族中普遍流传着兄妹婚的人祖传说，其中也夹杂着关于人猪共生关系的某种远古记忆。"在许多兄妹成婚的传说中，博嘎尔部落的

---

① 张仲葛、朱先煌主编：《中国畜牧史料集》，科学出版社1986年版，第177—178页。

《达蒙与达宁》故事最为典型。相传达蒙与达宁是天父与地母结合后所生的一对姐弟,达蒙姐姐从事采集和农耕,达宁弟弟从事狩猎。他们一起生活久了,弟弟对姐姐有了感情,想方设法接近,但一再遭到姐姐的拒绝。为此,他们一起到了天上,找天父太阳评理。太阳说,地面上人类只有他们一男一女,虽然是姐弟,如果不结合,人类就难以延续。于是,天父太阳把他们两个关进鸡笼,强迫他们成亲,终于结为夫妻。传说中还说,其时达宁从事狩猎,把活的小野猪抓起来,交给达蒙驯养。达蒙除开从事动物驯养外,还经常采集野生植物。"[①]这个珞巴人的祖先传说隐约透露了狩猎采集社会中的男女社会分工的情况以及由狩猎向农业和畜牧业转化中的分工迹象。部落中的男子在狩猎活动中捕获的小野猪,由部落中负责采集和耕种植物的女子来驯养。这个细节一方面再度验证了上节所讨论的养猪始于农人而非猎人的假说,另一方面又多少揭示了猎猪与养猪之间的先后和因果关系,表明神话时代即已确认家猪是野猪的驯化后代。利普斯指出:"毫无疑问,农业的发明是妇女对人类财富的最大贡献之一。在攫取经济中,经常关心以植物产品供应家庭的是妇女,因此妇女可以把种植这项伟大的发明付诸实现。当然,男子的狩猎活动并不因农业的发明而停止,他们像过去一样继续狩猎,尽管部落主要给养已靠种出的植物来提供。"[②]现在我们看了珞巴神话中姐姐达蒙的作为,是否可以对利普斯的判断做进一步的补充,将养猪的发明也视为妇女对人类文化的伟大贡献呢?(图19)

整个故事让达蒙和达宁以兄妹婚配的两性结合方式表现了狩猎与农牧这两种生产方式在初民社会中的有效结合,暗含着人与自然、人与野生动植物和驯化的动植物之间生态依存关系的信息。不过,由于这个故事的主旨在于为珞巴人觅祖寻宗,其所暗含的生态思想当然不会明确到直接回答"为何养猪"的问题。

然而,既然家猪的饲养作为替代狩猎的肉食来源,以及农作物的有机肥料来源和各种副产品的来源,对于人类的生活具有如此明显的利益,那

---

① 刘志群:《珞巴族原始文化(上)》,载《民族艺术》1997年第1期。
② 利普斯:《事物的起源》,汪宁生译,四川民族出版社1982年版,第94页。

图19　野猪与家猪的造型对比之三

(选自苍彦、新民、玉秋编绘:《十二属相图谱》,中国文联出版公司,1987)

么为什么世界上各地区各文化中只有一部分是热衷于养猪业的,而同时有许多地区并不以养猪为然,甚至有些文化还把家猪视为禁忌对象呢?不解答这个疑问,似乎不足以令人信服地说明"为何养猪"的全部奥秘。换言之,只有从反面对"为何不养猪"的文化现象做出理性的论证,才能最终从正面解决"为何养猪"的难题。而这,绝不是局限于主观的喜好和厌恶的价值偏见中的人所能做到的。

正是由于动物驯化的起因这一难题长久以来得不到世所公认的解释,所以在历史上出现过多种解释纷纭并存的局面。约略说来,有驯化的宗教起源说、宠物起源说和自投罗网说三大类。

宗教起源说在伊萨克的著述中得到较新的论证。他认为,虽然动物驯化的经济利益对于后人来说是显而易见的,但这并不能证明最初从事驯化的人就有了同样的经济意识。经济价值的发现应该看成是驯化的结果,而不是其起因。当这种意识的结果流传开来后,驯化动物本有的宗教意义就被人们淡忘了。在他看来,人们最初从事动物饲养是为了在祭神的仪式上提供牺牲。"大量的人种学证据表明,在举行宗教仪式时,动物的斑纹和颜色非常重要,因此,生产更多的具有特殊毛色的愿望,必然导致定向的繁殖。"[1]从中国人所说"畜牲"一词看,驯化与宗教目的之关系是显而易见

---

[1] 埃里克·伊萨克:《驯化地理学》,葛以德译,商务印书馆1987年版,第141页。

的。《左传·桓公六年》疏:"畜牲一物,养之则为畜,共用则为牲。"《周礼·天官·庖人》郑注亦云:"始养之曰畜,将用之曰牲。"《诗经·小雅·瓠叶》毛传:"牛羊豕为牲,系养者曰牢。"指的是用家畜作为祭祀用的牺牲。卜辞中反映的情况也有助于说明上古时宗教性用牲的普遍性。不过最初的驯化动机是否因宗教需要而产生,尚有待更确切的考察。

宠物起源说的倡导者以美国人类学家罗伯特·路威为代表。他在《文明与野蛮》一书中写道:

> 初民开始畜养动物,并不是为的图利,却是由于一种非经济的、可是一样的有人间味的理由——他爱把它们带在身旁做伴侣或是供娱乐。一直到现在,南美洲的民族还养鹦鹉,养鹰,还在他们的吊床旁边挂上许多壁虎。有的村子里鹈鸟、鸵鸟踱来踱去,做儿童的游伴;有的村子里麋鹿、龟、鼠成群豢养,成为一种动物院。这种种禽兽之中没有一种供给丝毫实用。
>
> 再加上游戏之动机,豢养禽兽之欲望便和任何常态的人间欲望一样强盛。便是文明较高时,这些动机还是有力。我们的赛马场中的马,西班牙斗牛场中的牛,都是专门训练过了的,试问训练这种牛马的目的何在?中国人的趣味趋向昆虫,外国人不很知道他们的故事,其实也一样的有意思。[①]

宠物说的倡导者并不回避驯化的功利作用,但只把功利的、经济的价值发现看成派生的或次生性的。"畜养宠物之风终于变为利用其身体与劳力,因为人类不是完全没有头脑的,虽然他难得不糊涂。他注意到他所畜养的生物,因为有现成饭吃,不用去为生存而竞争,在身材、毛发,以及其他性状上都逐渐和野种不同。这里面,有些特色给他看中了,认为有价值,有意培植起来。于是本来只是在新的环境之下自然生出来的倾向便逐渐浓厚起来:长毛肥尾的绵羊,产乳的母牛,生蛋的鸡,都出世了。但是这种

---

① 罗伯特·路威:《文明与野蛮》,吕叔湘译,生活·读书·新知三联书店1984年版,第58页。

功利主义的心理是最后来的,不是最初来的。"①人类学家费佛也提到,史前的狩猎者有可能将幼兽当作宠物而喂养。这一推测的旁证是非洲现存的狩猎社会——布须曼人中尚可见到妇女喂养宠物的情况。② 至于饲养宠物的心理动机,还可以从人性方面加以说明。伊萨克写道:"驯化可能得到那些使我们疼爱自己幼儿的本能的诱发,和具有某种类似身体比例的小动物的鼓励。在一些原始社会里,小猪和小狗受到妇女的照料。被从小养大的猪形成畜群,逗留在聚落以内或附近,长成以后,便扩大了肉食的来源。在马来西亚和新几内亚等地,保持在这种半驯化状态的母猪和野猪,能够无阻碍地进行杂交。"③从珞巴神话中姐姐达蒙饲养小野猪的情节看,上述推测当不是空穴来风。人类女性的母爱本能在爱屋及乌的作用下,对于豢养幼兽作为宠物,或许多少发挥了一定作用。

所谓自投罗网说指的是这样一种观点:动物的驯化和植物的驯化一样是"无心插柳柳成荫"的自发结果,并非出于人类的刻意追求。这种观点认为各种驯化起源说都是后人的假设,无法得到史前事实的证明。与其信奉这类根据不充分的假设,不如暂停这种没有真正谜底的猜谜游戏,以"知之为知之,不知为不知"的客观态度来面对问题。美国史前学家费根便在他编写的大学教科书中说:"我们几乎还不知道人类对食物来源进行控制的途径。我们知道,在近东,1万年前人类的生存模式就发生了戏剧性的转变,在中国北部发生于大约7000年前,在中美洲发生于大约5000年前。……或许,专门狩猎驯鹿和山羊的旧石器时代早期人类设法处置过他们捕获的兽群。也可以想象,生活在亚热带雨林边缘地带的狩猎-采集者可能从事因偶然机会而导致的园艺,种植薯蓣类和其他食用植物,……总之,我们绝不该忘记人类总是会碰机会的,粮食作物种植及第一次动物

---

① 罗伯特·路威:《文明与野蛮》,吕叔湘译,生活·读书·新知三联书店1984年版,第60—61页。
② 费佛:《人类的出现》,伦敦,1973年,第244页。
③ 埃里克·伊萨克:《驯化地理学》,葛以德译,商务印书馆1987年版,第137—138页。

驯化很可能就是由这种偶然的机会引起的。"①用机会和偶然性来解释驯化起源的自投罗网说,实际上也不能完全摆脱"假设"的嫌疑。在一种以环境决定论为基础的"绿洲"理论中,这种假设性可以看得很分明。该理论认为,冰川时代的终结导致欧亚非一带降雨方式的改变,许多地区变得比以前干燥,人和野生动物被迫向水源充足的绿洲迁移。人们不得不去耕作野生禾本科植物以供给聚集起来的居民足够的食物,原始农业由此而生。动物驯养的起源是由于绿洲吸引了饥饿的动物,如野羊、野牛和野猪等,它们主动向人类聚居的绿洲靠拢,为的是到庄稼地里来获取草食。人们发现这些动物太瘦,不能杀了作为食品,就开始用剩余的农作物把它们喂养起来。②此种绿洲说在一段时期内颇有影响,在某些基本倾向上与新崛起的生态人类学观点相吻合。但随后又受到更严谨的理论家的质疑,唯有其动物驯化同作物培育属于一个生态共同体的思想得到保留和发扬。

生态人类学家、文化唯物论的代表人物马文·哈里斯把畜牧业的发明看成有史以来一场空前的动物保护运动,他不仅从人口的生殖压力导致生产的强化,又进而导致环境资源的枯竭这一生态角度解说整个文化的起源和发展,而且在此基础上具体地从正反两方面回答了"为何养猪"与"为何不养猪"的问题。在讲到驯化起源时,哈里斯的观点与自投罗网说不无相通之处。比如,他认为在中东出现农业的地区不仅有野生状态的小麦、大麦、豌豆和扁豆,也有绵羊、山羊、猪和牛的老祖宗,这并非偶然之巧合。当农业出现以前的人们在野谷茂盛之地定居下来时,那些曾以野麦为食的动物不得不和村民们发生接触。人们通过狗来控制这些野畜的活动,不让它们走进谷地,只许它们吃些残梗剩叶而不许吃成熟的果实。"换言之,猎人们无须再去找野兽了,倒是野兽为谷物茂盛之地所吸引,走到猎人身边来了。"③如此自投罗网的结果将意味着这些野畜会加速走向灭绝,正应验了成语所说的飞蛾扑火、肉包子打狗。在哈里斯看来,若不是及时发生了

---

① B. M. 费根:《地球上的人们——世界史前史导论》,云南民族学院历史系民族学教研室译,文物出版社1991年版,第281页。
② 参威廉·A.哈维兰:《当代人类学》,王铭铭等译,上海人民出版社1987年版,第198页。
③ 马文·哈里斯:《文化的起源》,黄晴译,华夏出版社1988年版,第23页。

那一场伟大的动物保护运动——动物人工畜养的话,牛羊之类动物很可能和以前的许多物种一样陷入一去不复返的绝境。然而,饲养的开始又带来了意想不到的新问题:如果人类不得不饲育捕获的动物,那么随着畜牧生产的发展就会出现人与畜争食的局面,有限的野生谷物资源不久就将被消耗干净。是谷物的人工种植适时地解决了这场新的危机。人们将谷穗留给自己吃,把谷梗等残余物拿来喂养牲畜。由此看来,哈里斯从自然生态角度修正了农业为驯化前提的理论,把农耕和畜养看成是相互依存和相互促进的辩证共生关系。在其生态人类学的理论框架中,动物的驯化和植物的驯化都只是人类区域性生产强化过程的一部分。这种生产强化不能仅仅从生产力进步的角度去理解,而应看成是人类面对环境变异和人口激增的现实所不得已而采取的权宜之计。

如此论说之后,驯化生态学的解释已初具轮廓,它实际上已经把"为何养猪"的神话式疑问转换成为"为何不得不养猪"的理性答案。它当然还要依照同样的理论框架反过来说明某些地域中"为何不养猪"的历史大疑团。哈里斯认为,不许养猪的偏见同不得不养猪的现象背后都有深层的生态因素在起作用。比如说,"以放牧为生的以色列人无法在其寸草不生的土地上饲养生猪,而对那些过着半定居生活和靠种植业为生的人来说,猪与其说是一份财产,还不如说是一种威胁"[①]。提出这种看法的依据是游牧民族的生活地区都是些没有森林的平原和山地。这些地区干旱缺雨,土地也不易灌溉。适合于这一地区饲养的动物仅限于反刍动物,如牛、绵羊和山羊等。反刍动物的胃的前部附有囊袋,因此它们可以比其他动物更适应于消化那些主要由纤维质构成的食物,如草类和树叶等。相比之下,猪却在这方面缺乏竞争能力。它虽然可以靠较广的杂物为食,但是若要有效地增加体重,就必须喂以纤维质含量低的饲料,如坚果、果实、块茎植物,特别是粮食。这样一来,猪就成了人类的直接竞争者。猪单纯依靠草类是活不太旺的。事实上世界上真正的游牧民族很少饲养生猪。正所谓

[①] 马文·哈里斯:《母牛·猪·战争·妖巫——人类文化之谜》,王艺、李红雨译,上海译文出版社1990年版,第37—38页。

"非不能也,不为也"。不养的原因主要是得不偿失,对游牧民来说实在不划算。经济效益的考虑使他们在猪与羊之间,放弃前者而选择了后者。于是《圣经》中才有了用牧人与羊群的关系来表示神人关系的隐喻。与禁猪信条同时成立的,是"上帝的羔羊"一类体现牧业生活方式的宗教习语。

五、牧与豢:如何养猪

古汉语中指代驯化这一现象的词汇相当丰富,从语源学和字源学的立场去分析,或许会有意想不到的文化信息等待后人去发掘。常用的一组语词如牧、豢、养、驯,表面看起来似乎意思相近,彼此在多数场合均可互换通用。但是从根源上分辨的话,这四个词中的每一个都有其独特的语义发生背景和直观的原型表象,因而是无法混同的。简单地说,牧、豢、养、驯四个字的造字表象不用远求,就潜藏在其字形结构中。

牧字从牛,豢字从豕,养字从羊,驯字从马,这一简明的事实即使在当今的简化汉字中依然保留下来。由此不难得出判断,它们最初分别指对牛、猪、羊、马四种主要家畜的驯化。这种情况表明,在抽象思维能力尚不发达的初民社会,本不存在一般意义上的驯化概念,只有针对具体的直观对象的驯化概念。汉字的象形指事特征为我们完整地保留着这种具体性思维的活化石材料。

进一步的辨析还可以发现,古汉语中关于驯化的词汇不仅与不同的动物对象有关,而且也隐约透露着驯化方式方法上的微妙差异。举例来说,针对牛的"牧"一词便同针对猪的"豢"一词绝不相同。

西方的神话和史诗里有"牧猪奴"这样的角色,大约相当于中国人所说的牧童、羊倌儿或放牛娃一类社会职属,这显然表明在许多文化中确有将猪当作牛羊那样的放牧对象的情形。(图20)古希腊有一个纪念谷物女神珀耳塞福涅的节庆叫塞斯莫福里亚节,人们届时将猪、面饼等投入地下洞穴,那里被认为是女神所去之处。希腊神话中有一个相应的故事说,当初珀耳塞福涅女神被普路托带走时,一位叫作欧布路斯的牧猪人凑巧在那里放猪,他的猪群掉进普路托带走珀耳塞福涅女神的大地裂口里去了。节庆中扔猪于洞穴的做法就在于纪念欧布路斯丢掉的猪。① 这个神话中讲到女神与猪的关系,我们拟在下章中探讨,这里只需注意牧猪的问题:古希腊人把猪成群地放牧在野外,由专职的放牧人来看管。这位丢失了猪群的欧布路斯便是职业牧猪者。他的社会地位如何我们不得而知,不过从荷马史诗来看,这种牧猪工作是由奴隶来承担的。

图20　乌蒙山苗民牧猪图
（郑先阳摄影）

《奥德修纪》卷十三智慧女神雅典娜对将回乡的奥德修说:"首先你要到你的牧猪奴那里去;他对你是友好的,他也喜欢你的儿子和聪明的潘奈洛佩;你可以在猪群旁边找到他;那些猪正在鸦岩和阿瑞杜沙泉水那里,吃它们喜爱的橡实和使猪肥壮的黑水"②。这段话可以看作西方文学中最早反映的牧猪情形。

---

① 詹·乔·弗雷泽:《金枝》,徐育新、汪培基、张泽石译,中国民间文艺出版社1987年版,第679页。
② 荷马:《奥德修纪》,杨宪益译,上海译文出版社1979年版,第171页。

同书卷十四还较详细地描绘了当时养猪的环境设施：

> 那个院子美好宽大，四面空旷，是牧猪奴为了牧养他主人的猪自己建筑的，……他用巨石筑成院墙，上面栽上刺梨，在墙外又斫下乌黑的槲木，密密层层地插上围桩；在院里他又作了一排猪栏，共十二个，给猪睡觉；每个猪栏里关着五十头睡在地上的猪，都是传种的母猪；公猪都睡在猪栏外面；公猪数目比母猪要少得多，因为那些高贵的求婚弟子把它们吃掉不少；牧猪奴总要把最好的肥猪送去；它们共有三百六十头。四条像野兽一样凶猛的狗经常睡在猪群旁边；也都是那个杰出的牧猪奴养大的。牧猪奴这时正切着光亮的牛皮，给他的脚作鞋子；另外三个奴隶都赶猪到不同地方去了，……①

从这些生动的记述中，读者好像能够看到那3000年以前的宽大猪栏的总体布局和细部结构，甚至对其畜养方式、用途及数量规模都有了清楚的认识。我们了解到，当时古希腊的养猪业已经高度发达，成为社会生产的一个重要领域。像主人公奥德修这样一个贵族家庭，专门从事牧猪的奴隶已达4人之多，还用4条狗作为辅助，仅睡在12个栏内的母猪数量就可达600头。其规模效益恐怕不会亚于后代的专业养猪场。尤其值得注意的是古希腊人的养猪方式为放牧：4位牧猪奴中1位在家照管猪栏和处理杂务，另外3位"都赶猪到不同地方去了"。同书卷十六开篇写道："在清晨奥德修和那个杰出的牧猪奴在茅舍里生了火，开始准备早饭，把牧人和猪群都打发走了。"这个细节似可表明当时的放牧猪群采取的是早出晚归的方法，让每一位牧人赶着各自的猪群到不同的地方。这样做也许因为猪的总数太多，如果大家都聚在一起恐怕找不到足够充足的食物。假设睡在栏外的公猪数量是母猪数量的一半，那么就是300头。合起来共有约900头猪，3个外出的牧猪奴每人平均要放牧300头猪左右，难怪他们要起早

---

① 荷马：《奥德修纪》，杨宪益译，上海译文出版社1979年版，第172页。

贪黑地"到不同地方去"呢。除了野生的橡实和天然的矿泉水之外,如此庞大的畜群是否还有更多的野生和人工食物来填饱肚子,我们已无从得知了。仅靠食草很难增加体重的猪究竟是如何通过漫游式的放牧而长肥的,这乃是荷马留给后人的一个百思不得其解的疑问。

这种集群性的、早出晚归式的放牧养猪法自然容易使人联想起游牧民族放牧牛羊的常见景象,反过来才好更加真切地体会华夏先民在猪的驯化方面所做出的特殊贡献——豢养。

现代养猪学把家猪划分为若干种类,我国的猪种与外国相比特点突出。如早熟、易肥、耐粗饲、肉质好、繁殖力强等,很早就被国外所看中。西汉以来,当时罗马帝国大量从中国引入猪种,使其本土猪种生长慢、肉质差的缺陷得以弥补,改良后育成罗马猪,奠定西方主要良种猪。18世纪以来,中国猪种又对英国和美国的猪种改良发挥了重要作用。这些都已传为养猪界尽人皆知的佳话。然而,从家猪起源上看,中西之猪却有着同源异流的关系。专家指出:"我国考古发掘材料表明,在更新世洞穴中出土的野猪骨骼化石,大部分属于更新世中期和晚期。据鉴定,有欧洲野猪(Sus scrofa L.)和李氏野猪(Sus lydekkeri)两种。对这两种野猪化石的分布状况,根据现有资料,作了不完全的统计,发现欧洲野猪分布很广,共有15个省、市、自治区,几乎东、西、南、北、中都有,李氏野猪则分布于北京、河南、山东和陕西等4个省市,范围狭小得多,材料表明,两种野猪在距今60万到1万年间,已在我国广阔的原野上生息、繁衍。进入新石器时代出土的野猪骨骼材料如在陕西西安半坡、江西万年仙人洞、河南安阳殷墟、浙江嘉兴马家浜等遗址,经鉴定均属于欧洲野猪,而李氏野猪尚未发现,可能已经绝灭。"[①]这些考古资料说明,在我国境内的新石器时代先民开始将野猪驯养为家猪时,可供选取的几乎唯有欧洲野猪。这也就是说,从野猪种的来源上看,中外的驯化者是站在同样的起点之上的。是什么原因使我国先民饲养的家猪后来居上,成为举世瞩目的优良品种呢?

全面而客观地解答这一疑问并非本书所能胜任。不过由汉字"豢"所

---

① 张仲葛、朱先煌主编:《中国畜牧史料集》,科学出版社1986年版,第174页。

提供的潜在信息至少可从一个方面帮助我们思考。

《说文解字》对豢字有经典性的定义:"豢,以谷圈养豕也。"作为解释的五个字言简意赅地表达了两重意思:一是养猪所用的饲料性质;二是养猪的方式。两者之间又有内在的关联。以谷饲猪是针对单纯的草食而言的。古人很早就有按照食物类别来划分家畜的明确意识:牛羊皆草食,故可视为同类;猪狗都要吃粮食,也被划为一类。前者叫刍,后者叫豢。合称则为刍豢。《礼记·月令》云:"共寝庙之刍豢。"注:"刍豢尤牺牲。"说的是同时用食草之畜和食谷之畜供奉宗庙祭献之用。《国语·楚语下》注:"草养曰刍,谷养曰豢。"《孟子正义》引《说文解字》云(今本《说文解字》无此):"牛马曰刍,犬豕曰豢。"《月令》疏引王肃曰:"食草曰刍,食谷曰豢。"《孟子》赵岐注:"草生曰刍,谷养曰豢。"《左传·昭公十三年》释文:"饲牲曰刍。"《文选·长杨赋》注:"刍,马草也。"可见与"豢"相对言的"刍",既可指草,又可指以草养畜的方式,还可指代以草为食的牛羊一类家禽。"豢"当然也有如此多重的意义。《说文解字》所云"圈养",就是专指与放牧相对的饲猪方式,这一层含义已包括在"豢"字中。《荀子·荣辱》注:"豢,圈也。以谷食于圈中。"把牲畜关进圈中,失去了放牧时随处可食的草料,当然免不了要用谷物来喂养。这便是饲料性质与养猪方式之间的对应关系。这层关系就这样统合于"豢"的两重意义之中了。(图21)

不过,圈养虽在我国的养猪史上发挥了培育优种的重要作用,但这并不意味着先人们绝对排斥放牧方法。在不同时期均可看到牧猪的记载,有些地方还因地制宜地将圈养与放牧结

图21 清代扬州纸马:圈神
(猪圈守护神)

(选自王树村编著:《中国民间年画史图录》,上海人民美术出版社,1991)

合起来,收到良好的效果。畜牧学专家张仲葛在《中国古代人民怎样驯化野猪成为家猪》一文指出:

> 在野猪的驯化过程中,对于它们的培养条件,特别是饲养和管理,是改变野猪生物学特性的决定性因素。中国人民在这一方面积累着极为丰富的经验。正如英国生物学者达尔文所指出的:"中国人民在猪的饲养和管理上费了很多苦心,甚至不允许它们从一个地点走到另一个地点。因此,这些猪显著地呈现了高度培养族所具有的那些性状;所以,无可怀疑地它们对改进我们欧洲品种是具有高度价值的"。由于中国人民在猪的驯化和改良过程中的成就,对于达尔文学说的建立,提供了宝贵的材料和有力的证据。因此达尔文在他的许多不朽的著作中,一再强调中国人民对人工选择及变异理论的卓越贡献。[1]

由此不难看出圈养作为限制猪的活动空间的有效手段,如何在我国文化中受到特殊的重视并因此而形成传统。圈养开始于何时,没有确切的文字记载,这个问题只能借助于考古材料来加以推测。山东大汶口新石器遗址出土的家猪牙齿,经鉴定认为有系绳的迹象。[2] 这种系绳和圈栏一样,旨在人为限制猪的行动。西安半坡原始村落遗址发现两个圈栏,学者们推测为猪栏的可能性最大。如此说,我国先民发明圈养的时间当在6000年前,比荷马记述的牧猪场景要早3000多年。

关于限制猪行动方面,北魏著名的科学书籍《齐民要术》中有这样的记述:"圈不厌小,圈小则肥疾。"以后历代农书均有类似记载。

> 猪多,总设一大圈,细分为小圈,每小圈止容一猪,使不得闹

---

[1] 张仲葛、朱先煌主编:《中国畜牧史料集》,科学出版社1986年版,第182页。
[2] 山东省文物管理处、济南市博物馆编:《大汶口新石器时代墓葬发掘报告》,文物出版社1974年版,第157页。

转,则易长也。①

若广豢者,当造一大圈,上为蓬蔽,下用板衬,中分小圈,止容一猪一槽,难于转换易肥。②

由此可见历代先民用限制猪行动的方法来改变野猪的习性,已经积累了多么丰富的经验。难怪欧洲野猪经过吾先民数千年的驯养实践,距离其欧洲祖先已相去甚远,发生了令人惊叹的变异。(图22)

图22　河南郑州出土汉代斗猪画像砖

(选自黄能馥、陈娟娟编著:《中国历代装饰纹样大典》,中国旅游出版社,1995)

圈养在我国是南北方普遍采纳的养猪模式,唯有个别高原山地是例外,在那里可以看到类似于荷马史诗中描述的终年放牧式的饲养方式。属于我国六大地方猪型之一高原猪类型的藏猪、甘肃的合作猪和云南的迪庆藏猪均可划入此类。以合作猪为例,其中心产区在甘肃省甘南藏族自治州夏河县一带,地处高山丘陵,海拔约3000米,为半农半牧地区。气候寒冷,缺乏饲料,且与外界猪种较少杂交,常年以放牧为主。合作猪的特点是生存适应性强,采食能力突出,身躯矮小,体质健壮,四肢和心肺功能发达。但生长速度和繁殖力却无法同圈养型猪相比了。

---

① 《农政全书》卷四十一。
② 《三农纪》卷八。

牧作为动词指放牧、牧养，转为名词又指放牧之人和其职司。《左传·昭公七年》："马有圉，牛有牧。"便是用不同的专名区分养马与养牛者的职业。杜预注谓"养马曰圉，养牛曰牧"，使意思更为明确。从事此类职业的人在上古奴隶时代往往是寄人篱下没有人身自由的奴隶，所以有人认为圉指养马的奴隶，牧指牧牛的奴隶。《周礼·天官·大宰》注："男曰圉，女曰妾。"疏曰："《左氏传·僖十七年》：男为人臣，女为人妾，乃生男曰圉，女曰妾。注：养马曰圉，不聘曰妾。"可知养马之奴又可推广其义，泛指男性家奴，与地位低下的女性之妾相对而言。《尚书·费誓》"臣妾逋逃"句。孔传："男曰臣，女曰妾。"《孝经》郑注："臣、妾，男女贫贱之称。"贫贱则无以自立，需依附于富贵者为奴为仆，养马、牧牛、饲猪、砍柴、烧饭之类粗活便成了这一类人的职司，细分各有讲究，粗言则"养""牧""圉"与"厮""役""扈""臣""仆"等皆为近义词。《礼记·礼运》云："仕于公曰臣，仕于家曰仆。"臣仆之称由此而起。《文选·子虚赋》注引《广雅》："仆谓附著于人。"《说文解字》："仆，给事者。"是则凡附着于人的做事者皆可称仆。《猗觉寮杂记》卷下："男曰人臣，女曰人妾。臣妾，对君上之称，男女之别也。……男曰奴，女曰婢。故耕当问奴，织当问婢。今则奴为妇人之美称，贵近之家，其女其妇，则又自称奴。自汉以前，妇人皆称妾。"《方言》卷三又谓："亡奴谓之臧，亡婢谓之获。"《楚辞·哀时命》注："臧，为人所贱；获，为人所系得。"奴隶身份低贱，社会地位之卑微，于此可略知也。《公羊传·宣公十二年》："厮役扈养死者数百人。"何休注："艾草为防者曰厮，汲水浆者曰役。养马者曰扈，炊烹者曰养。"养马既称圉，又称扈，后者又引申为扈从，随从。养羊本称养，后引申为指给养、养人，故烧火煮饭的家奴或下人亦称养。《盐铁论》注："析薪为厮，炊烹为养。"又是把做饭的同劈柴的对言。《史记·儒林列传》谓儿宽"常为弟子都养"，司马贞索隐："都养，为弟子造食也。"造食即炊烹，今语称做饭。

由以上训诂学材料可以看出，造字之初专指动物驯化的字汇如何在后代衍化为某些依附性的下等职司的通名。这里面明显可以看出阶级社会产生以来对下层劳动者的职业性歧视和上层人的等级偏见。

不过，原来指代动物驯化的字词也可因换喻关系而施用于对人的教化管理。"牧"这个字除了指养牛的奴隶,又可指治民施政的官员。《管子》一书中有篇名为《牧民》,是专门讨论治民之道的。"牧民"这个合成词表明牧的对象已由牛转到人。此种换喻用法由来甚古。《尚书·立政》:"宅乃牧。"孔疏引郑玄注:"殷之州牧曰伯,虞、夏及周曰牧。"据此可知早自华夏文明伊始,就有了将地方统治者比作驯养牲畜的牧者这一语言现象。《汉书·朱博传》:"居牧伯之位,秉一州之统。"这里所说的牧伯同专为人放牛的牧奴已相去万里了。

第三章　原始宗教中的猪

一、猪龙：中华第一龙之谜

猪是中国文化中最普通的家畜，龙是这个文化中最神秘的圣物。如果说二者之间本来就有不解之缘的话，或许会让不少人感到诧异。然而，号称"中华第一龙"的考古新发现确实给龙的传人带来惊奇和诧异：在我国内蒙古翁牛特旗三星他拉村出土的红山文化玉雕卷龙竟然呈现出猪首龙身的奇妙造型。① 这一玉龙的制作年代属新石器时代，距今已有6000年了。那也正是我国先民进入原始农业社会后大力发展养猪业的时期，当时的陶器、工艺品和造型艺术中猪的母题屡见不鲜，这个新出土的猪龙合体形象却较为罕见。（图23）起初人们对其性质尚存疑惑，后经过分析和比较，多数学者确认为猪龙。理由有如下几个方面：

第一，从外观上看，玉龙头部造型最为细致，口闭吻长，鼻端前突，且有并列鼻孔两个，与猪的特征最为相近。

---

① 参见孙守道、郭大顺：《论辽河流域的原始文化与龙的起源》，见向仍旦编：《中国古代文化史论》，北京大学出版社1986年版。

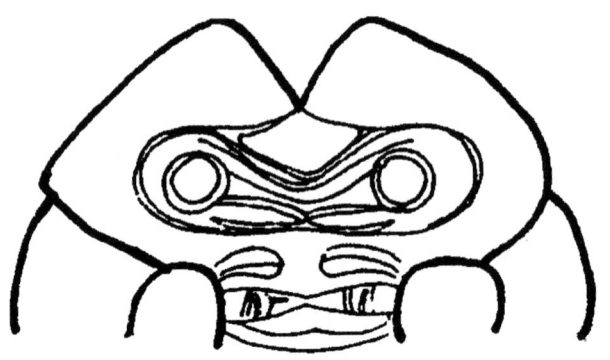

图 23　红山文化玉猪龙正面图

(选自萧兵:《良渚玉器"神人兽面纹"新解》,载《东南文化》1992 年第 3—4 期)

第二,玉龙颈脊部刻画为高耸的长鬣。这也和古人对猪的特点之认识相符。《礼记·曲礼下》云:"凡祭宗庙之礼,牛曰一元大武,豕曰刚鬣。"孔疏:"豕肥则毛鬣刚大也。"甲骨文里的豕字也有突出表现的奋起之猪鬃。不过也有人认为玉龙之鬣甚长大,不像是猪鬃,应视为马鬃。据此,则玉龙又可解为马龙。①

第三,猪龙形象虽不常见,但也不是仅此一例。同属于红山文化的辽宁建平出土的兽形玉器也是突出塑造头部,呈现为肥头大耳、吻部前突的猪形特点。内蒙古敖汉旗大洼公社出土的红山文化玉兽也具有非常近似的特征。可以认为这些猪首龙身的形象是同一种原始崇拜观念的体现。

第四,上古文献可为猪与龙的联系提供若干旁证。如《左传》等书中的"豢龙"一词的构成就很能说明问题。我们已知"豢"指以谷饲养,本专用于猪犬。龙既为升天入地的神物,岂会以五谷杂粮为食?豢龙之龙或许非猪龙莫属。

那么,猪和龙的形象为什么会组合为一体?若为原始宗教中的信仰对象,猪龙又是何种神灵呢?因年代遥远,书缺有间,我们难以对石器时代先民心目中的猪龙加以全面的描述和解说,但是这一原始崇拜所留下的深远反响还是可以查知的。在我国多民族的传说和民俗中,有不少与猪龙母题

---

① 王大有:《龙凤文化源流》,北京工艺美术出版社 1988 年版,第 118 页。

一脉相承。透过这类故事或可为认识猪龙的神性特点找到有益的线索。

著名类书《渊鉴类函》卷四七六中有"猪龙"一条,可见此一名目古已有之。该条目下引用宋代的《东坡志林》云:"眉州青神县道侧,有一小佛屋,俗谓之猪母佛。云:百年前有牝猪伏于此,化为泉,有二鲤鱼在泉中云,盖猪龙也。蜀人以牝猪为母,故以名之。泉在石上,深不及二尺,大旱不竭。而二鲤莫有见者。"①这一故事把猪龙的联想建立在猪化为水神的情节上。现实中的猪乃是陆地动物,神话中的龙则有潜渊的本领,让猪变为水陆两栖的简便方式就是让它和龙相混同。龙在水中可以鱼的面目出现,正所谓鱼龙混杂。另一点值得注意的是猪龙为牝猪所化,得名猪母佛。可知该神具有阴性、女性的特征。

汉族民间传说有《猪婆龙》一题,也是把猪、龙同女性神灵及水的母题联系起来的例子。据《陶都宜兴的传说》记述:古时天上银河有猪婆龙,总与玉帝作对。玉帝降旱灾惩罚下民,猪婆龙偷吸银河水喷洒人间,令禾苗不死。玉帝大怒,令天兵捉拿猪婆龙。猪婆龙逃到凡间,钻入海底,又从海底钻至山间,钻出地道无数,使山山俱有泉水,百姓饮水不愁。玉帝见百姓大旱不死,又令龙王降大雨,洪水为害,人畜死者无数。猪婆龙要救百姓,乃化为一少女,自名猪娘,来到难民之中。当时平原被淹没,人俱逃到山上以狩猎为生。有青年猎人名鲧者,与猪娘相爱,结为夫妻,生子曰大禹。后鲧因治水而死,猪娘悉心抚养大禹成人,常以其父惨痛经验诫之。大禹聪明,悉治水要诀,首须疏导。受众拥戴,推为酋长,率众开河。猪婆龙于夜间化原形助人掘河,每掘必深且远。众人异之,相约夜半来看究竟,发现掘河者非人,原是一巨猪形神怪。猪娘被窥破底细后无颜见人,一头钻入地下,不知所之。今宜兴有龙池山,上有龙池庙,昔称大禹庙,或为纪念猪婆龙母子治水之功而建造。②

这个有趣的传说把猪龙母题同汉族全民皆知的鲧禹治水神话巧妙结合起来,把猪龙婆塑造为从天界下凡拯救百姓的文化英雄,其与天帝作对

---

① 《渊鉴类函》第十八册,中国书店1985年版。
② 参见袁珂编著:《中国民族神话词典》,四川社科院出版社1989年版,第32页。

而甘愿服务人间的品性可与希腊神话的盗火英雄普罗米修斯相提并论。这一女神形象既为远古传说中的治水英雄大禹的神性血统做了寻根溯源，又呼应了民间信仰中猪与龙均同降雨、洪水相关的特殊联想，可以看作是史前猪龙崇拜之原型在后代民间文学中借助于"贵种流离谭"的模式而获得的置换表现。

原型理论家荣格指出，远古宗教与神话中的原型深藏在民族集体无意识之中，总会以各种方式在梦境、幻觉、神话、故事中寻求表现。以母神形象出现的是人类的母亲原型。她是最重要和最基本的原型之一，通常会以正面和反面两种方式出现，善恶分明，高下互见。荣格分别称之为"可爱的母亲"和"可怕的母亲"。① 如果说猪婆龙的故事表现的是母亲原型的和善可爱的一面，那么下面这个白族的母猪龙传说则清楚地体现了同一原型的另外一种邪恶可怖的面目。《雕龙记》故事，在洱海区域的白族民间普遍流传，大理、剑川、洱源等县都有记载。其故事大略是：昔时有一走夷方营生的木匠杨师傅，他木工手艺高妙，能雕龙画凤，栩栩如生。在清明节时他领儿子七斤回家扫墓，途经大理漏邑村龙潭时，歇脚稍息。先是此龙潭有母猪龙作怪，每过三年的六月二十四日必发洪水淹没田园，民多苦之。而且，母猪龙一见铜器、铁器，必将持器者吞食，故少有人至潭边，因而附近林木遮天。七斤因渴而以铜器到潭边舀水喝，为母猪龙所吞食。杨师傅为子报仇而雕一木龙，于六月二十四日午间祷祝木龙，念以神咒与母猪龙相斗。木龙果与母猪龙搏斗，终因木龙神力不敌母猪龙，为母猪龙所战败。杨师傅并不甘心失败，要与母猪龙拼斗到底，就又雕一木龙，并请铁匠师傅相助，打制铁鳞甲、铁爪、铁牙，装置在木龙上。第二年六月二十四日，杨师傅亦如去年，对已装制好铁鳞甲、铁爪、铁牙的木龙祷祝、念咒，使之与母猪龙交战。经过一场激烈的战斗之后，木龙最后将母猪龙斗死在洱海底，让它永世不得翻身作祟了。②

---

① 参见荣格：《母亲原型的心理学方面》，《荣格选集》英文版，1968年，第9卷第1部，第81页以下。
② 赵橹：《论白族龙文化》，云南大学出版社1991年版，第220—221页。

《雕龙记》中的这个母猪龙形象虽然也是大自然中水这一元素的人格化,但其超自然神力却用在作祟和与人为敌方面。她又发洪水又吞食生人,构成人间生活的威胁,她最终被人所战胜也是理所当然的。与《东坡志林》中的猪龙和汉族传说《猪婆龙》中的母猪龙相比,恰恰反映了水这种自然物对于人类生存的两重性:它既是生活和生产所必需,又可毁灭陆地上的生灵。在人的能力尚不足以控制这种变化无常的自然力时,神话想象便借助于民间信仰中与水相关的龙和猪,合成为这种神秘力量的直观表象,体现为善恶两面的母神。这样理解之后,红山文化史前宗教的猪龙造型为何同母神崇拜有着共生性关系,也就有了解说的线索。

下面一例可以说明猪龙这种罕见的神幻形象在后世的民间心理中如何可以发挥类似于财神的作用:山东枣庄地区流传一则《猪龙桥》的故事,说清朝时山西的猪便宜,一山西人买了一大群猪,赶到山东卖,来到枣庄税郭镇,当时此地没人养猪,因此一下子就卖掉了。奇怪的是每天天一亮,山西人跟前又有一大群猪,卖了又有,如是者一连十天。这人发了财,认为是猪龙保佑,便在此地修了一座猪龙桥。在这里,猪龙作为水神的本来面貌已经隐而不彰,是对常人有神奇保佑作用的善神化身。这可以看作是可爱的母亲神在民俗文化中的又一次置换变形。

二、猪与女神宗教的生命崇拜

考察原始宗教中的猪,不难看出它常常与母神、女神有或显或隐的联系。上文中几个母猪龙的故事均还保持着这一联系。古希腊的地母神兼五谷之神得墨忒耳和她的女儿珀耳塞福涅也和猪关系密切。

弗雷泽就此发问说:猪会不会原来就是女神本身的动物形态呢?猪是献给女神的动物;艺术作品中表现的得墨忒耳,或是抱着猪,或是有猪伴随着;在她的神迹仪式上惯例要用猪献祭。由于把动物看成神,或把神看成动物,于是就有了动物以神的身份被杀,后来却把它当作祭品献给神的情况。前文提到的塞斯莫福里亚节庆中向地穴中投掷猪,其仪式就证实了猪原是女神之化身。"有个传说还保存着老观念的痕迹,当伤心的母亲寻找失踪的珀耳塞福涅的踪迹时,丢失者的脚印被一只猪的脚印掩住了。我们可以推测,当初猪的脚印就是珀耳塞福涅和得墨忒耳自己的脚印。"①猪作为谷精和女神作为谷物生长之神就这样统一起来。弗雷泽还进一步推论说,在塞斯莫福里亚节中妇女都要吃猪肉,这顿饭就像圣餐礼,信徒们吃的是神的身体。还有部分猪肉保存在洞里,来年取出后和谷种拌在一起,以求得谷精的精力再生,确保好收成。

另一位英国人类学家安德鲁·兰也注意到猪与地母神祭仪的这种关系,他认为将猪肉扔进洞穴,来年拿出后奉于母神祭坛,并拌于谷种之中,这种仪式表明某种与猪的生命力信念相关的法术性质。而实际上,腐烂的猪肉或许起到了肥料作用,对农人耕种确有帮助。② 他还指出,希腊的地母神祭仪虽以雅典为中心,但其来源却相当古老,始于土著的皮拉斯基人或其他史前民族。人类学家在印度和美洲等地发现了类似的祭猪礼俗,这表明塞斯莫福里亚节代表着在原始农业文化中具有一定普遍性的地母信仰。

在初民的神话宇宙观中,大地母亲不仅仅是一切绿色植物的生育者,而且也是包括人类在内的一切生命的终极来源和神圣赐予者。在父权制文明的天父地母对偶模式出现以前,母神才是唯一具有无上权威的信仰对象。在欧亚大陆各地发现的石器时代偶像多表现为巨腹丰乳的母体造型,就很能说明史前的女神宗教是把生命力的再生产视为崇拜核心的。而与农业的发明和女神宗教的兴起相伴随的猪的驯化,使这种以肥壮和多产为突出特征的动物自然在神话思维作用下具有了神秘的宗教蕴含。还可以推测的是,和那个"知母不知父"的社会现实相对应,各种野生的和家养的动物之中是雌性而不是雄性更加受到关注和重视。就猪而言,母猪在原始意识中显然更具有神秘蕴含。

对此,语言文字方面提供了宝贵线索。例如,我国汉藏语系藏缅语族

---

① 詹·乔·弗雷泽:《金枝》,徐育新、汪培基、张泽石译,中国民间文艺出版社 1987 年版,第 679 页。
② 安德鲁·兰:《神话、仪式与宗教》,AMS 出版社 1968 年版,第 2 卷,第 288 页。

的各少数民族大都用唇音来说"猪"这个词。如拉祜语和基诺语及哈尼族的一个方言、布努语的一些方言作 va,景颇语作 va,羌语作 pa 或 pi,傈僳语作 avɛ,藏语作 phak-pa。此外,独龙语的 wa,阿昌语的 wa 或 wɑ(方言不同),布努语的 u,声母也从 v 变来,而壮侗语族中,壮语的 mou,仡佬语的 mpa,水语的 mu,黎语的 pou,也都是唇音声母。至于苗瑶语族中,苗语的 mpua,瑶语的 mou,畲语的 pui,声母也都是唇音。古汉语中专指母猪的词"豝"(ba)亦为唇音声母,与上举各少数民族中表"母猪"义的词,是同源词。可知今日汉藏语系的大量少数民族语中泛指猪的词均源出于远古时指母猪的语根,这种语言现象反映出古时曾存在一个雌性比雄性更重要的时期,或可视为母猪崇拜在语言化石中留下的痕迹。[①] 尽管后起的父权制意识形态炮制出一系列阳物中心的性别偏见模式,并日益占据了主导的和统治的地位,但是在具有较大的传统惰性的语言现象中仍然保留着那个早已一去不返的雌性优先时代的蛛丝马迹。比如我们至今还是习惯于说"雌雄""牝牡""阴阳",而不说"雄雌""牡牝"和"阳阴"。

雌性优先的原则在宗教发生史的研究中也找到了确凿的证据,那就是母神先于父神、女神早于男神的普遍现象。我国境内发现猪龙形象的地区同时盛行母神崇拜,已如前论。西方史前考古迄今所发现的旧石器时代的偶像多为巨腹丰乳的女性神灵,也已成为宗教史和艺术史上尽人皆知的常识。考古学界对这类史前女神雕像统称为"史前维纳斯",其多数的明显造型特征在于体态肥硕、脂肪突出,容易使人联想到具有同类生理特征的动物——猪。

对史前维纳斯的各种解释中,生殖崇拜说虽然占有明显优势,但某些权威学者对此一直持保留态度,如安德烈·勒鲁瓦-古昂和米尔希·艾利亚德。前者承认造型特征各异的旧石器时代女像是同出一源的,但对所谓"生殖"(fertility,又译"丰产")说的解释提出明确的批评:

> 至于丰产女神的解释,严格地说是平庸肤浅,一无所得,因为

---

① 王元鹿:《猪与古代文化》,载《中文自学指导》1995 年第 1 期。

> 一切宗教，或者说几乎一切宗教都将丰产视为一种祈愿之事，以妇女作为丰产的象征毫无独特新颖之处。将旧石器时代的形象与美索不达米亚或尼加拉瓜的小雕像作一比较，有助于证明在地球空间上，这三处皆存在着妇女的形象。事实上，对于旧石器时代的人赋予其"维纳斯"的深奥意义，我们是一无所知，这些"维纳斯"可能是"朱诺"（天后——引者），也可能是"普罗塞比娜"（地狱女神——引者）。①

这种类似不可知论的观点代表了某些以严谨著称的史前学者的态度，他们只相信考古材料所能提供的信息，反对用民族学的或后代宗教文献方面的旁证去做演绎类推的解释。而这种旁证和演绎方法却是人类学研究的基本方法。如果我们承认史前维纳斯同文明初期的母神崇拜有渊源关系，那么生命的生育和哺养作为母神崇拜的核心内容也应当是一脉相承的，尽管其发展历程中会有变化和差异，那沿袭数万年而未改的孕妇般隆起的女神腹部的造型特征，足以默默无言地透露出史前人类对生命孕育这一神秘现象的极大关注。

这一项事实也能够说明为什么人类祖先所崇拜的女性神灵总是母亲而不是少女。后代人所激赏的女性美特征——婀娜与苗条，在我们的原始祖先眼中也许毫无意义，甚至是美的反面，因为按照原始信仰，肥胖丰硕才是生命力旺盛的标志，生殖和丰产的表征。瘦与弱是同义词，是病态的、不美的。无怪乎汉字中的"瘦""瘠"等字都从"疒"旁会意，造字祖先们的价值观念明显保留着原始思想的原型。

诚如韦斯顿·拉·巴尔所敏锐地指出的那样，西文中的词汇"fecund"（多产的、肥沃的）、"fetus"（胎儿）、"femina"（阴性的、女性的）、"femur"（大腿骨）、"feminis"（雌性的）都认同于一个共同的词根"fe"，这表明在肥硕、孕育、女性这些不同事物之间有着信仰上的联系。（图24）巴尔还指出，肥猪之所以在史前社会受到崇拜，因为在原始信仰中，猪的多产能力和

---

① 安德烈·勒鲁瓦-古昂：《史前宗教》，俞灏敏译，上海文艺出版社1990年版，第141页。

它的肥胖多脂其实是一回事。①

巴尔的这一深刻洞见对于我们重新认识中国新石器时代考古学的若干重大发现有着重要的启发意义。1983年以来,辽宁牛河梁红山文化"女神庙"与积石冢群的发现曾引起人们极大兴趣。在这里不仅出土了迄今为止发现的年代较早的中国石器时代雕像,而且这些泥制雕像也分明体现出裸体、丰乳和肥硕的史前维纳斯特征。值得特殊关注的是,与女性神像同时被发现的还有玉制"猪龙"造型。② 随后又在附近的大石匣中发现一头猪的雕像,猪舌用矿石粉染得鲜红。对于这些珍稀的石器时代遗物,目前尚没有合理的解释,除了认定裸体女像为生殖丰产女神,将猪龙与猪像解释为

图24 古埃及伊西丝女神与猪塑像
(选自萧兵、叶舒宪:《老子的文化解读——性与神话学之研究》,湖北人民出版社,1994)

史前图腾崇拜之外,研究者们似乎提不出什么新颖且确切的观点。至于为什么肥硕女像与肥猪造像同时并存,更是无人问津。现在,借鉴西方学者的研究成果,这些5000年前的疑案似可获得完满的解答:肥猪以其丰厚的脂肪代表着原始人心目中生命力最强盛、生育力最兴旺的动物,它同人类中执行生养功能的女性——母亲本来就有着神话思维的认同关系。所以,猪龙玉器也好,猪形塑像也好,都未必是图腾符号,很可能是生命和生育的象征。联系到我国南北方新石器文化中普遍发现的家猪饲养以及用猪头、猪骨作为陪葬品的情形,结合汉字中千古未得确解的"家"(从宀从豕)的

---

① 巴尔:《骨髓:一种石器时代的性迷信》(*Muelos:A Stone Age Superstition About Sexuality*),哥伦比亚大学出版社1984年版,第86页。
② 辽宁省文物考古研究所:《辽宁牛河梁红山文化"女神庙"与积石冢群发掘简报》,载《文物》1986年第8期。

概念,可以推论,在红山文化和仰韶文化时期出现的母系家庭确实曾把肥头大耳的猪看成是"家神",即主管大自然的生与养之功能的大母神的动物化身。如法国学者巴丹特尔说:"女神并不总是目光恐怖的威严妇女,她也化身为植物和动物。为了孕育每个种类,'伟大的母亲'(即大母神——引者)要具有相应的动物形体,并与其交配。她创造一切,她的支配权延及一切生物。"①

红山文化中肥猪像与女神像的同时并存意味着一组史前象征密码的译解,借助于此,还可以反过来解释几乎遍布世界各地的大母神像和史前维纳斯像以肥硕为美的原始审美观的形成。那种浑圆突出的大腹和肥硕下垂的乳房造型,曾经使某些学者怀疑,史前维纳斯也许并不是对怀孕母亲的表现,而是对当时女性体形的真实反应。现在可以明确的是,史前女神的肉体夸张是以肥硕多脂肪为美的原始信念为造型标准的,是一种理想化的、有意味的创作变形,其中不乏某种仿生学的因素,即仿效肥硕而垂乳的动物形体。至于此种以肥大为美的原始观念怎样在后来的中华文明中派生出"羊大为美"和"硕大为美"的传统审美观,我们在一般的美学读物中已有较通俗的说明。这里需要补充的是,汉字"肥"的概念同英文中的 fertile 相比,既可用于形容动物和人体的多脂肪状态,又可用于形容土地的肥沃和多产,这也是肥与多产之间的原始联系的旁证。(图25、图26)

生物肉体之肥硕与土地多产之肥沃在原始信仰中既然相互联系,那就必然会体现在神话观念之中。下面三则神话都出自古朴的初民想象,将猪的粪肥作为生命之源的母题得到突出表现:

> 女人和蛇分别从猪粪中出来。蛇要求女人替它洗澡,女人未这么做,于是蛇便诅咒女人不会脱皮,不会长寿,缺乏思考,笨手笨脚,什么事都做不成。蛇便去了地下脱皮。
>
> 那时,有个从猪粪中生下的人,此人向神造的人说:"如果你肯替我洗澡,以后即使生病了,只要脱掉一层皮,就能痊愈。"可

---

① 伊·巴丹特尔:《男女论》,陈伏保、王论跃、阳尚洪译,湖南文艺出版社1988年版,第41页。

图 25　拥有宝珠的猪形兽狪狪

(选自孙晓琴绘图,王红旗撰文:《新绘神异全图山海经》,昆仑出版社,1996)

图 26　预兆丰收的吉兽当康

(选自孙晓琴绘图,王红旗撰文:《新绘神异全图山海经》,昆仑出版社,1996)

是神造的人不肯替他洗澡,那个由猪粪中生下的人不得已,只好再度钻入地里去,现在的人都会死,就是因为不替诞生自猪粪的人洗澡的缘故。

古时神要人用猪粪洗澡,便能永久不死,但人不信,用清水洗澡,便短命。①

三、猪图腾崇拜面面观

图腾崇拜是原始宗教的早期重要形式,信仰者将某种动、植物视为本族的初始祖先,敬奉祭祀,并遵守相关的禁忌。有的氏族在一定时期内禁止捕杀和食用该种动物;也有的氏族认为食用图腾动物是必须之举,可将图腾圣物的神性血统继续传承于氏族成员的身体之内。围绕着宰杀和享用图腾之肉的重大礼仪,构成部落宗教活动的中心。

图腾理论传入我国学界,在文史研究中产生相应的新解释视点。一批与人类生活关系密切的动物被确认为远古图腾的对象,包括龙凤一类虚构幻想中的动物和牛、羊、猪等家养牲畜,以及虎、熊、狼等野兽。十二生肖中的多数动物均与图腾说的解释发生了联系。如在我国黎族的原始信仰中,主要的神即为"祖先鬼",又可化身为猪、牛、狗、鸡等动物。

徐显之在《山海经探原》一书中便探讨了猪图腾崇拜的迹象。他指出,《山海经》是一部最古的方志。大体说来,其中《山经》部分是以山为经的方物志,《海经》部分是以氏族为经的社会志,其《海内经》部分具有制作发明的科技志的性质。它是产生于氏族社会末期的我国古代氏族社会志。如《北次三经》所述:

凡北次三经之首,自太行之山,以至于无逢之山,凡四十六山,万二千三百五十里。其神状皆马身而人面者廿神。其祠之,

---

① 尹建中编:《台湾山胞各族传统神话故事与传说文献编纂研究》,台湾大学考古人类学专刊第二十种,1994年,第70、73、83页。

皆用一藻茝瘗之;其十四神,状皆彘身而载玉。其祠之,皆玉不瘗。其十神,状皆彘身而八足,蛇尾。其祠之,皆用一璧瘗之。大凡四十四神,皆用稌糈米祠之。此皆不火食。

徐氏认为,这一片地区比较复杂,"凡四十六山,万二千三百五十里",它包括了今天山西、河北及东北广大山区。这里有二十个山的先民所崇拜的图腾是马,这和今陕西渭北的部分先民是一样的。其余诸山居住的先民所崇拜的图腾,大都是彘,也就是豕、猪。猪在我国,养畜得较早。但以猪为图腾,除《中山经》伏牛山、桐柏山地区的先民外,只有这《北次三经》所述的一些地区了。①

然而,从近年来民族学的研究看,我国的一些少数民族中曾奉行猪图腾崇拜。美国汉学家爱伯哈德所著《中国文化象征词典》中写道:"有个少数民族契丹,曾于公元916年至1122年统治着中国北方的广大地区,他的祖先据说长着个猪头。由于这个原因,契丹人似乎不吃猪肉。"②马昌仪先生说:"中国西南的傈僳、哈尼、珞巴等民族古时候曾以猪为氏族图腾。云南新平县彝族有猪槽氏族,认为猪槽有功于祖先,故尊之为圣物,严禁用、跨、坐和触。云南剑川兰州坝白族的一些村寨,对外以高、黄、杨、赵等姓称呼,内部却有猴、鸡、猪、赤鹿、青豆虫等家族标志。"③这些情况虽然还有待于具体的辨析,但可以肯定汉族以外的猪图腾崇拜并不罕见。

图腾信仰往往借用神话形式来讲述人祖由来的动物渊源。《猪救母子》便是珞巴人的古老图腾神话。相传,有母子二人遇难躲进猪圈,母升天求救,留儿子与老母猪生活在一起。猪对儿说:"我老了,你把我杀了吧。"儿子不肯。母猪又说:"你把我头上的虱子掐死,我也就死了。但你不要吃我的肉,把我切成一块一块的,哪里有竹子就放在哪里,那里就会有你的邻居。"儿子听从了母猪的话。后来果然在放猪肉的地方出现了村庄

---

① 徐显之:《山海经探原》,武汉出版社1991年版,第14页。
② W.爱伯哈德:《中国文化象征词典》,陈建宪译,湖南文艺出版社1990年版,第262页。
③ 马昌仪:《猪的文化品格》,载《文化杂志》1996年第27—28期。

和人家。① 这样的情节把老母猪奉为人的恩祖和救星,也许正体现了远古女神宗教的雌性为先特征。(图27)

下面是另一则珞巴族的猪图腾神话,不过其图腾先祖被视为野猪:

图27 人猪合体的幻象
(选自苍彦、新民、玉秋编绘:《十二属相图谱》,中国文联出版公司,1987)

米日人认为自己的祖先是猪生的。有一则传说说,米日村的另一支珞巴族,一天带着猎狗上山打猎,遇到一头野猪,就让狗去追猎,野猪跑得很快,钻进了自己的洞穴中,狗和猎人们把此洞穴团团围住,等了很久却不见野猪出来,反而从洞中传出婴儿的啼哭声。大家冲进去一看,只有一个婴儿,野猪却不见影子了,猎人们议论纷纷,有说是鬼,有说是人,最后结果是先把婴儿抱回村去养着再说。这小孩子长得特别快,最后成了米日人的土王,米日人都成了他的后裔。野猪因此也就成了珞巴族图腾崇拜之一,在现实生活中一般是忌讳捕食,即使在没有其他野兽捕食时,在捕猎到野猪后,也绝不会马上就吃,而要放一个晚上后才能食用。他们认为野猪刚打死,其灵魂还存在于肉体内,这时吃了肉,就把灵魂也吃了,那就会遭祖神猪灵的惩罚;等一个晚上以后,灵魂就离开了肉体,这时食用不会伤害祖神,但对捕获的野猪要进行一番祷告,大意为:我们是不想捕杀你的,但实在没一点别的兽肉可以充饥,请让我们为你念经,祈祷你早点离开肉体去再生,保佑我们打猎丰收,有更多的其他兽肉可吃,我们再不会伤害你! 珞巴族认

---

① 《中国各民族宗教与神话大词典》编审委员会编:《中国各民族宗教与神话大词典》,学苑出版社1993年版,第390—391页。

为妇女不育,或流产、早产、难产、死胎等现象是让卜乌佑干的,就需要杀猪驱鬼。杀猪时,从猪的腰间砍断,掏出肠肚等内脏,将鲜血淋漓的整个胸腔戴在该妇女头上,待该妇女头上、脸上和衣服到处沾满了鲜血才取走,并将该妇女的沾血衣服拿去烧掉。这样"让卜"恶鬼就会被驱除了。①

这种驱鬼仪式以猪图腾的保佑作用为观念背景,似乎是不言自明的。

图腾感生的母题在神话时代逝去之后依然会改变形式保留在民间信仰之中,并由此而不断滋生出新的感生故事。下面就是关于汉武帝降生的一种传奇说法。据志怪之书《洞冥记》反述:"汉武未生,景帝梦一赤彘,从云中直下崇芳阁。帝觉,见赤气如云霞来蔽户牖,乃改崇芳阁为猗兰殿。后王夫人生武帝于此殿。"②在此类故事中,所突出强调的已不再是出生者与图腾的血统联系,而是感生的神秘性质了。这是从作为信仰的神话到作为文学的小说之间的一种必然变化。

人类学家拉·巴尔对以家畜为图腾的现象提出过一种大胆的观点。这种观点借用精神分析学的俄狄浦斯情结概念,把人与畜之间的关系视同亲子之关系:野畜曾经是父亲,他与母神的结合生育出家畜,又生育了人。可以说人是畜之后代,以牛或猪等动物为图腾的现象在古文明之初多有表现。希腊神话多次讲到某位母神的男性情侣(如阿提斯、阿都尼斯)被复仇的野猪咬死的情节。这或可视为俄狄浦斯式的亲子冲突的变相表现。③此种假说即使有效,也只能适用于有限的范围。因为在大多数信奉猪图腾的地区,人猪之间因性的竞争而发生冲突的情况毕竟甚为罕见。还有的地区以定期举行全民性的猪宴而著称,但人猪之间也没有敌对关系。马文·哈里斯写道:

---

① 刘志群:《珞巴族原始文化(上)》,载《民族艺术》1997年第1期。
② 《渊鉴类函》卷四百三十六,中国书店1985年版。
③ 拉·巴尔:《人科动物》,芝加哥大学出版社1954年版,第220页。

世界上热爱猪类的地区,集中在新几内亚和南太平洋美拉尼西亚诸岛。在该地区,那些以村庄为单位,靠种植为生的部落,把猪视为圣物,专门用作祭奉祖先,或把猪视为重大日子如婚礼、葬礼的美味佳肴。在许多部落中,在开战或停战前,必须先宰杀生猪。村民们坚信,久离人世的祖先对猪十分偏爱。由此,不管是活着的村民还是长眠的故人,其喜食猪肉的程度都达到了惊人的地步。人们不厌其烦地频频举行盛大宴会;转瞬之间,几乎全部的猪都被吞光食尽。连续多日,村民和客人们狼吞虎咽地享受猪肉;当肠胃无法容纳时,他们便大口呕吐,以便腾出地方再继续吞食。待宴会结束时,部落里的生猪已所剩无几,要想恢复原来生猪的数量,尚需数年辛勤细心的饲养。然而,还未待生猪的头数恢复过来,新的一轮狼吞虎咽的活动又开始了。这种浪费败家的行为,就是这样周而复始地进行着。①

也许有人怀疑,崇奉猪为图腾的信念和豢养家猪的实践究竟能否统合在一起呢?猪既然是自己的祖先,那么大吃猪肉又该做何解释?请听人类学学者的说明:"爱猪之信仰包括饲养生猪,使之成为家庭的一员,朝夕相处;与猪交谈;抚摸戏耍;为猪取名;牵猪外出;当猪染病受伤时,为它们伤心流泪;主人一日三餐与猪同食一锅等。但是与印度的母牛崇拜不同,爱猪还包括在重大节日定期祭祀先灵和食吃猪肉。由于大规模的祭祀宰杀和隆重的盛宴,爱猪之信仰比之印度农人与母牛之间的关系,更充分地体现了人畜合一的深刻含义。爱猪的高潮就是将猪肉融于人体,猪的灵魂汇入先人的心灵之中。"②在这里,吃猪的行为似乎不是出于作为食物果腹的功利动机,而是出于与猪图腾祖先在肉体上相认同的宗教目的。这也可说是由图腾信仰派生出的饮食文化奇观。

---

① 马文·哈里斯:《母牛·猪·战争·妖巫——人类文化之谜》,王艺、李红雨译,上海译文出版社1990年版,第30—31页。
② 马文·哈里斯:《母牛·猪·战争·妖巫——人类文化之谜》,王艺、李红雨译,上海译文出版社1990年版,第43—44页。

在我国海南岛中部山区聚居的黎族人盛行祖先崇拜,所信奉的神灵黎语叫"登",意思是祖先鬼。按照对生人的影响和威胁程度,祖先鬼又划分为大鬼、中鬼和小鬼,分别以不同祭品进行祭拜。如有人长期生病不愈,或经常梦见死去前辈人的面容,或家中人畜不兴旺等,皆认为是"大祖先鬼"回来寻食,要由头领主持杀牛祭礼,作法一昼夜,历经七道仪式,号称"吃牛鬼"。一般的发冷发热或头痛病之类的常见急性病,被认为是"中祖先鬼"回来找吃,相应的杀猪祭鬼仪式叫作"吃猪鬼"。其七道仪式只在一个晚上就全部完成。另外还有"中祖先鬼"会导致村民中的非正常死亡,要举行"吃狗鬼"的祭礼;妇女难产则被认为由"小祖先鬼"所致,相应的祭礼叫作"杀鸡鬼"。这里作为牺牲的动物虽然并未被认同为图腾对象,但其和祖先崇拜的密切联系还是一目了然的。"吃猪鬼"之所以同"中祖先鬼"相联系,就因为猪在黎人的常见家畜中比牛小而比鸡大,可与"中"的尺度相当吧。

四、陪葬猪骨的观念动机

史前考古中有一个相当普遍的发现,新石器时代的居民总要在墓葬中陪葬动物骨头。在我国境内迄今发现最多的是猪骨。这种葬俗背后潜藏的原始观念是怎样的呢?

前引排湾人神话中有播种骨头而生长出活猪的母题,它表明这样一种神话观:骨头是可以再生的生命力之储藏所。而史前初民所理解的生命力与现代生物学绝不相同,总是带有神秘信仰的色彩,体现为可以游离出入于生物体的某种灵力(如马那)或精魂。

许多原始狩猎民族敬重猎物的骨头,或用于装饰物,或用于仪式道具,或奉于祭坛之上。他们相信,保存了骨头,灵力就还存在,到时候骨头会长出肉,动物生命复生。如美国西部草原上的明纳塔里印第安人认为,被他们猎杀的野牛骨头会重新长肉,二度复活,到来年六月就长肥可供宰杀了。所以在草原上可以看到摆放成圆圈状的野牛头盖骨,静静地等待着复活的降临。

从狩猎进入农耕生产之后,对骨头为生命力储藏之源的这种法术观念很自然就转移到家畜身上,并相应地和农作物的生命再生信念联系起来。弗雷泽在解说古希腊的塞斯莫福里亚节日仪式时,曾举出北欧的民间风俗加以对照。"在黑森和迈宁根也是一样,在灰星期三和圣烛节的猪肉,骨头保存到播种的时候,再把骨头放在播种的田里,或是与袋里的种子拌在一起。最后,最后一捆上的谷粒也是保存到圣诞节,做成圣诞猪,然后打碎,春播时拌在谷种里。"①

从我国新石器时代遗址发掘的材料看,家猪饲养在各个从事农业的氏族公社中占有仅次于农业的重要地位。半坡遗址发掘的兽骨中猪骨的数量最多,说明猪肉是当时人们的主要肉食资源。遗址中的两个大圈栏设施,说明当时养猪的规模已经不小,河南淅川下王岗遗址中发掘的大量猪骨,也反映了当时养猪业已相当发达。随着生产的发展,母系氏族社会逐步为父系氏族社会所代替,私有财产和私有观念也开始出现了。人们不仅把猪作为私有财产占为己有,而且还把猪(包括猪头骨和下颌骨)作为随葬品,带到坟墓中去。我国不少新石器时代晚期的墓葬,都反映了这种情况,大汶口遗址已发掘的133座墓中,就有45座(占总数三分之一强),除用一般生产工具和生活工具随葬外,还用猪架,猪下颌骨、猪蹄、猪头等随葬,最多的是用完整的猪头,就45座墓共有96个猪头,其中最多的一座,竟多达14个。这些情况,清楚地说明家猪饲养在当时的社会经济生活中占有重要地位。这不仅因为猪是重要的肉食资源,还因为私有财产产生后,猪是当时可供交换的活动财富。②

---

① 詹·乔·弗雷泽:《金枝》,徐育新、汪培基、张泽石译,中国民间文艺出版社1987年版,第680页。
② 张仲葛、朱先煌主编:《中国畜牧史料集》,科学出版社1986年版,第178页。

从比较文化的视野看,这种以猪骨之多寡来表明富裕程度的现象并非个别民族所特有。我国西藏珞渝马尼岗一带珞巴族博嘎尔部落喜欢养猪,男子自婚后另立家庭起,凡家中杀猪,均把下颚骨留下,存放在称为"邦固"这一面墙上,排列成行,作为其家庭富有之标志。[①] 在南太平洋岛民阿洛尔人(Alor)社会中,家猪被人们直接用作货币的一种,其流通功能相当于我国远古时之"贝",以及后世之金银。[②] 以养猪之数量来直观反映主人的社会经济地位,正像游牧社会中以牛羊之多少来定贫富一样。类似的民俗文化现象还可举出许多,它足以说明史前人类陪葬猪骨的动机经历了一个发展过程,即从单纯的法术性生命再生信仰发展到墓主社会地位之标记。换言之,从单一的宗教动机发展出政治经济的动机。

---

① 刘锡诚、王文宝主编:《中国象征辞典》,天津教育出版社1991年版,第349页。
② 杜波伊斯:《阿洛尔人》,明尼苏达大学出版社1944年版,第22页。

第四章　神话传说中的猪

一、开辟大神豨韦氏

猪在中华文化的发生史上既然发挥了特殊重要的作用，那就理应在意识形态方面有所表现。只可惜由于华夏上古神话遗产的遗失，这方面的题材并不常见，也不甚突出。唯有《庄子》《淮南子》之类保留神话传统较明显的古书中尚有些蛛丝马迹可寻。庄周在《大宗师》一篇中讲述的"道"的创世记故事，就隐约透露了猪神作为开辟大神的功绩。兹引述如下：

> 夫道，有情有信，无为无形；可传而不可受，可得而不可见；自本自根，未有天地，自古以固存；神鬼神帝，生天生地；在太极之先而不为高，在六极之下而不为深，先天地生而不为久，长于上古而不为老。豨韦氏得之，以挈天地；伏戏氏得之，以袭气母；维斗得之，终古不忒；日月得之，终古不息；堪坏得之，以袭昆仑；冯夷得之，以游大川；肩吾得之，以处大山；黄帝得之，以登云天；颛顼得之，以处玄宫；禺强得之，立乎北极；西王母得之，坐乎少广，莫知

其始,莫知其终;彭祖得之,上及有虞,下及五伯;傅说得之,以相武丁,奄有天下,乘东维,骑箕尾,而比于列星。①

这段论"道"之言是《庄子·内篇》中最难解的段落之一,因而自古迄今争议未息。本来关于"道"的种种描述在老子那里就是玄而又玄,难以捉摸的,从"道可道,非常道"这种惊人的开场白起,就预先确认了"道"的不可言说性。而庄子偏偏还要在言说不可言说的"道"时变本加厉,敷衍出一大串令人摸不着头脑的得道者的行迹,让善于征古解经的注家们如堕五里雾中。既然无法解释,最简便的办法就是否定其合法性。施天侔《庄子疑检》便把"狶韦氏"以下一段视为不属于庄学的衍文;较高明的注庄专家如宣颖也说:"以上诸神半出荒唐,庄子但取以寓意不暇论也。"近代严复也采取类似的态度,认为《大宗师》中论道一段数百言"是庄文最无内心处,不必深加研究"。今人陈鼓应教授附和上述各家之说,以为"这一节神话,疑是后人添加,亦无深意,无妨删去"②。然而,从《庄子》全书的一贯风格看,引用和改造古神话传说,创作寓言故事,正是其特征所在。庄书中不止一次地说到黄帝、狶韦氏、伏戏氏(又写作"伏戏""伏羲""伏羲氏"等,见《人间世》《田子方》《缮性》《胠箧》等篇)、肩吾、彭祖等神话人物,似乎不可轻易视为后人添加,更不宜随意删去。

神话故事、神话意象和神话人物对于庄子来说,有如对于柏拉图,都是寄寓"深意"、暗传微旨的用心设计和表达策略所必需,我们不能从实证要求出发视之为虚妄或以概念推理标准贬之为"无深意"。在笔者看来,庄子这一段关于得道者的罗列写法并非逞才使气般随意为之,也不是为了追求排比铺张的修辞学效果,而是相当严格地遵循着神话传统已有的模式,或者说是一篇以"道"为主题、以原始猪神为第一造物主的创世神话。试解析如下。

从"道"的角度看道家的宇宙发生论,其特性与创世神话密切相关。

---

① 郭庆藩辑,王孝鱼整理:《庄子集释》,中华书局1961年版,第246—247页。
② 陈鼓应注译:《庄子今注今译》,中华书局1983年版,第182页。

儒家的创生论以天地为起点,这显然是天父地母型(又称世界父母型)创世神话的逻辑引申;而道家的创生论强调天地开辟之前的"道",这乃是象征太阳初升的宇宙蛋型创世神话的必然发展。现在结合《大宗师》所述创生论,似可发现一种以人格化的诸神先后"得道"为展开序列的更为详备的创世神话。

《大宗师》从"狶韦氏"开始,直到"傅说"事迹为止,似乎严格按照创世发生后的历时性顺序加以叙述。这一段文字与前一段相比并非直接取自《老子》之书,若不是庄子个人发明出来的,当另有所本吧。"狶韦氏得之,以挈天地"一句,成玄英疏:"狶韦氏,文字以前远古帝王号也。得灵通之道,故能驱驾群品,提挈二仪。又作契字者,契,合也,言能混同万物,符合二仪者也。"①此处的"提挈二仪""符合二仪"之说未妥。契有合义,亦有锲义,即以刃器切割也;"挈天地"似指天地之剖判,这正是创世神话的常见母题。因而可将狶韦氏视为开天辟地的大神,而不是什么远古帝王。即使史书中所载殷商世系中诸先公之名如昭明、昌若、冥、微等,亦可理解为开辟后的时间流程——晨、午、晚、夜——之象征。② 据此可以推测:已知太阳的日周期在原型象征中与年周期相互认同,即晨午晚夜的循环等于春夏秋冬的循环,而时间的循环又可认同于东南西北四方位的空间位置的变换,所以在具有时空象征蕴含的殷商七代祖神背后潜隐着表现开天辟地和时空秩序构成的创世神话,确实是完全可能的。《荀子·成相》云"契玄王生昭明",可理解为混沌剖判迎来光明。作为殷商始祖之"契"可视作凿破鸿蒙、天地开辟之象征。《庄子》所说"挈天地"之狶韦当是另外一位开辟大神。今之注庄者有的说"整顿天地",也有的说"开辟天地"③,但对契(挈)之真意似未揭破,对狶韦氏的身份亦未有深究。一般皆因袭旧注,以不知年代且事迹不详的古帝王搪塞过去。唯朱季海《庄子故言》以《方言》"猪……南楚谓之豨"为据,佐之以《说文解字》"豕,读与豨同"之说,认为

---

① 郭庆藩辑,王孝鱼整理:《庄子集释》,中华书局1961年版,第248页。
② 吴其昌:《卜辞所见殷先公先王三续考》,载《燕京学报》第14期(1933)。
③ 钟泰:《庄子发微》,上海古籍出版社1988年版,第144页。

狶韦氏就是豕韦氏的楚方言叫法。① 准此,行使开天辟地神圣职责的乃是某种类似猪的神物。

好在上古神话中确有封豨神兽存在:《楚辞·天问》讲到英雄射手羿的武功,有"封豨是射"一句。王逸注:"封豨,神兽也。"封豨即大猪,豨亦有大猪之意。《庄子·知北游》"监市履狶"句释文云:"狶,大豕也。"古人心目中神兽大猪,用今天的眼光看可解为图腾动物,或曾作为自然崇拜的对象,因而具有超自然的神性。我国内蒙古兴隆洼文化遗存中所发现之猪头龙身玉像、辽宁牛河梁女神庙遗址出土之猪头神像,均表明构成华夏文明之基础的北方新石器文化中普遍存在猪神崇拜。由此观之,作为猪图腾祖先或创世祖神的豕韦氏或狶韦氏绝非出于庄生的向壁虚构,当有其深远的宗教和神话背景。

神话学的研究表明:"古老神话中的首创业绩,无不系于生存并活动于神幻时期的人物,此类人物可称之为'始祖—造物主—文化英雄'。有关上述三范畴的概念错综交织,确切地说,浑然难分。……在澳大利亚中部地区诸部落及古非洲诸民族,在一定程度上也包括巴布亚人及美洲印第安人的一些集团,神幻人物也就是图腾祖先。他们既是某种动物的原初生育者或创造者,又是人类一定的氏族群体的原初生育者或创造者。"②图腾祖先或以兽形出现,或以人兽同体形象出现,也有的则以人形出现。他们同时允当造物主和文化英雄,在神话中往往演化为天神,即成为种种自然现象和社会现象的主宰。狶韦氏的真实出身似可从这个角度获得新的理解。无独有偶,在印度婆罗门教神话中,就有"生主化身为野猪,将大地自水中拖出"③,从而完成开辟伟业的情节。作为猪图腾祖先神兼创世主的狶韦氏,其开天辟地之功除《庄子》外别无可考,仅从他在整个创世过程中的首要位置便可推知他在年代上甚至比伏羲、黄帝等后人较熟悉的大神或始祖更为古老。《庄子·外物》有云:"夫尊古而卑今,学者之流也。且以

---

① 朱季海:《庄子故言》,中华书局1987年版,第38页。
② 叶·莫·梅列金斯基:《神话的诗学》,魏庆征译,商务印书馆1990年版,第197页。
③ 叶·莫·梅列金斯基:《神话的诗学》,魏庆征译,商务印书馆1990年版,第232页。

狶韦氏之流观今之世,夫孰能不波。"①这里将狶韦氏的时代与当今之世做古今对照,显然也因为其最早最古吧。猪神在开天辟地的神话中扮演重要作用可以表现为多种形式。猪嘴突出善拱的生物学特征往往会引发相应的神话想象。在我国彝族的一则创世神话中,猪的创造功能只限于"辟地"一项:

> 相传,很古以前,格兹天神从天上放下九个金果变成九个儿子,让其中的五个去造天;又放下七个银果变成七个姑娘,让其中的四个去造地。造天的儿子们好吃懒做,造地的姑娘们勤勤恳恳。结果,天地造出来了,天造得小,地则造得过大,天盖不住地。格兹天神让阿夫来解决这个难题。阿夫便叫三个儿子抓住天边往下拉,把天拉得又大又凹。阿夫又放下三对麻蛇,围着地箍拢来,放下三对蚂蚁去咬地边,放三对野猪、三对大象去拱地,把地拱出了高底深沟,有了高山、坝子,有了大海、河流。天拉大了,地缩小了,这样天地才相合起来。②

从人的经验来看,家猪的嘴部比野猪退化得多,其拱地的功能自然会逊色。创世神话让野猪和大象同时出场充当造地者,似乎有一定的经验基础。

狶韦氏的开辟之功主要表现为"契",有如希腊神话中的创造主将天父、地母拥抱合一的原始状态从中分割开来,至于如何使分开的天地保持空间上的距离,不使它们重新抱合在一起,则需要另外的神力来完成了。根据经验的观察,在天与地中间是无尽的空气在运动,神话思维构想出的分隔天地的媒介物常常就是气或风。所以紧接着狶韦氏契天地出现的是伏戏氏"以袭气母",注家多以为指元气之母,其实不妨解作分隔天地的举

---

① 郭庆藩辑,王孝鱼整理:《庄子集释》,中华书局1961年版,第938页。
② 《中国各民族宗教与神话大词典》编审委员会编:《中国各民族宗教与神话大词典》,学苑出版社1993年版,第676页。

动。《释文》引司马云:"袭,入也。"伏羲氏利用道的创生力量引入元气之源,使被猤韦氏契开的天和地保持间距,甚而扩大这一间距,以为随后创生的日月星辰提供足够的活动空间。这种创造天地之方式极类似古巴比伦创世史诗《艾努玛·艾利什》:创造主马杜克用风将混沌海怪——阴性老母的肚皮从中分裂开来,上半为天,下半为地。① 在更早的苏美尔神话中行使同一职能的是空气之神(the air-god)恩利尔(Enlil),同时也被视为风神。恩利尔是天父安(An)和地母基(Ki)所生,他一出世就使本来合为一体的天地分隔开来,这正是不断膨胀扩展的空气作用之结果。② 可以说恩利尔在苏美尔神话中的突出地位同伏羲氏在中国神话中的地位同样显赫,作为创造主兼文化英雄,他们在开辟过程的作用亦完全一致,原来正由于他们的神格也有相近似的一面:恩利尔便是风神;伏羲恰恰是"风姓"。还有比这更巧合的么?难怪二者都能用各自的方式去"袭气母",分天地呢。伏羲在古人心目中最受称道的业绩是始作八卦,据《王子年拾遗记》的说法:他是先"听八风之气",然后"乃画八卦"的,这似乎正合乎他的"风姓"本义。难道说风姓的伏羲氏本来便是一位失去原始面目的风神?

在恩利尔完成了以空气分隔天地的任务之后,世界的空间已具雏形,接下来的创世过程是恩利尔以气化生出月亮,又从月亮中化生出太阳。《大宗师》中隐含的创世母题也是按照同样的顺序展开的,伏戏氏完成气化空间的直接结果,便是北斗星和太阳、月亮三种发光体的出现:"维斗得之,终古不忒;日月得之,终古不息;"北斗因有众星之纲维的意义,故称"维斗",实可喻指群星。"不忒"就是不变;斗柄所指可作为永远有效的空间方位坐标,而日月的"终古不息"则喻示着宇宙时间的永恒流动。至此,由猤韦氏契天地以来的创世功业已进入秩序化的时空体系,随后将有进一步具体化的时空分割,宇宙的形成过程被想象为神系的沿革。

---

① S. H. Hooke, *Middle Eastern Mytholgy*, Penguin Books, 1963, p. 44.
② S. N. Kramer, *Sumerian Mythology*, Philadelphia, The American Philosophical Society, 1944, p. 73.

二、人面猪喙的韩流

与开天辟地的创世伟业相比,韩流这一古神在上古宗教观中的地位就不是那么显赫了。据《山海经·海内经》之说,韩流为黄帝之孙,又是大神颛顼之父。可是关于他的神话记载却十分少见,我们只知道他的外形有几分像猪:

> 黄帝妻雷祖,生昌意,昌意降处若水,生韩流,韩流擢首、谨耳、人面、豕喙、麟身、渠股、豚止,娶淖子曰阿女,生帝颛顼。①(图28)

图 28　韩流与阿女

(选自孙晓琴绘图,王红旗编绘:《新绘神异全图山海经》,昆仑出版社,1996)

---

① 袁珂校注:《山海经校注》,上海古籍出版社1980年版,第442—443页。

这一段关于韩流的描述,说的是他长脑袋、小耳朵,脸似人面嘴巴像猪,身子像麒麟,双腿并在一起,还有一双猪蹄似的脚。如此一种半人半兽的样子,实在让人感到不可思议。这位神灵的神格究竟为何呢?

从其名字上看,似乎是井水之神。韩字的本义,《说文解字》释为井垣。井为汲水所用,流字指水流,则韩流之名影射着从地下流出的水,或可理解为司井水之神吧。这样的理解,还可以说明其外貌特征似猪的问题。根据《周易·说卦传》,坎为猪,为水。注家谓坎主水渎,豕处污湿,故如豕也。水渎即为地上的低洼之处,猪因为不会出汗,体热难以发散,常常好在泥水中滚动。这也许是卦象类比解说的逻辑线索。按照这一思路,相貌古怪,长着类似猪的嘴和猪蹄的韩流自然应归入水神一族了。

在古代传说中,猪与水神的关联也是不乏其例的。《山海经·东山经》里说到的"状如夸父而彘毛"的神兽,"状如彘而人面,黄身而赤尾"的合窳,都有"见则天下大水"的异能。《太平广记》卷四三九引《符子》:"朔人有献大豕于燕相,令膳夫烹之。豕既死,见梦于燕相曰:'造化劳我以豕形,食我以人秽。伏君之灵得化,今始得为鲁之津伯也。'"①这个故事提到的燕、鲁之地属于我国北方,是自古盛行养猪业的地区。故事中的豕死后化为津伯,成为水中精灵,显然将猪与水联系起来,使其具有水神的神格。这些传说为我们确认韩流的神话身份提供了有效的参照。

作为井水之神的韩流,为何是黄帝的儿子昌意"降处若水"后生下来的?神话中说的若水是什么样的地方?韩流所娶的"淖子"又是何许人也?自古以来,这些问题都未得到认真的探究,甚至被人为地遮蔽起来。主要的原因是,在官方性质的史书《史记》所述黄帝家谱中,根本没有韩流这位孙子。

《史记·五帝本纪》说黄帝正妃嫘祖生有二子,"其二曰昌意,降居若水。昌意娶蜀山氏女,曰昌仆,生高阳"。此外所说"高阳"即颛顼。在《山海经》中是韩流的儿子、黄帝的重孙。现在成了黄帝之孙,自然没有了其貌不扬的韩流在黄帝后裔中的位置。两种记载中相同的是昌意降居若水

---

① 李昉等编:《太平广记》,中华书局1961年版,第3575页。

这一事件。昌意所娶既然是"蜀山氏女",若水似应在蜀地。司马贞《史记索引》云:"降,下也。言帝子为诸侯,降居江水。江水若水,皆在蜀,即所封国也。《水经》曰:水出旄牛,徼外东南至故关为若水。"①这虽然是史家眼光对神话所做的历史化解说,但还是指明了若水乃蜀地实有的河流之名。神话学家袁珂认为,此事的真相应是作为天神的黄帝之子昌意自天上降下人间,谪居在若水一带。根据晋人郭璞注《山海经》:"《竹书(记年)》云'昌意降居若水,产帝乾荒'。乾荒即韩流也,生帝颛顼。"看来在昌意和颛顼之间,确有中间的一代韩流存在。

作为水井之神的韩流同蜀地有何关系? 近有一位日本学者黑羽宁对此做出了前无古人的解释:昌意降居的若水一带即今日四川省西昌与会理之间雅砻江东岸山地。今为大凉山彝族自治州所在。彝族先民为北方畜牧民族的子孙,南下山地之后改营烧耕农业(刀耕火种),又由烧耕转向水田的水稻耕作。《山海经》中自黄帝到韩流神话谱系正反映着从牧业到农业、从烧耕农业到水田农业的发展过程。韩流作为井水之神,乃是彝民开掘地下水源营造水田这一生产方式大变革的神话反映。韩字本身就有用钓瓶从井中汲水的意思。由井中汲出的水流意味着水田耕作之开始。韩流外貌特征"谨耳""豚止"等皆可视为井中汲水容器造型的隐喻表达。②

至于韩流"娶淖子曰阿女"这一细节,黑羽宁也附带做了相应的解释。他指出:《说文解字》释"淖"为泥;段玉裁注引《仓颉篇》,淖为深泥。泥是水和土的混合产物。深泥是对泥淖、泥田的写照。井中汲出的水流进入泥田,这就是韩流娶淖之子(女)的神话真相。"阿女"之"阿",是古人称美女的常用词,如"阿娜""阿难""阿那"等。泥田是水稻生长的条件,泥淖之女名叫阿女者,是稻谷精灵的人格化,与日本出云神话中的奇稻田姬遥相对应。韩流与泥淖之女稻精的结合,意味着蜀地若水流域水稻栽培技术的成熟,由此奠定了南方山地彝民从事水田稻作农业的基础。③ 经过这样

---

① 泷川资言考证,水泽利忠补校:《史记会注考证附校补》,上海古籍出版社1986年版,第4页。
② 黑羽宁:《中国与日本的神话及文明》,东京西田书店1987年版,第62—69页。
③ 黑羽宁:《中国与日本的神话及文明》,东京西田书店1987年版,第71页。

一番解说,韩流神话得以产生的背景第一次获得理性的阐述。对这位亦人亦猪的奇特古神之所以然,我们是不是可以刮目相看了呢?

三、司彘国与豕喙民

《山海经·海内经》讲到黄帝世系的一段话前有简明的地理介绍:"流沙之东,黑水之西,有朝云之国、司彘之国。"这个位于大沙漠以东的"司彘之国"究竟是何种情景,因为记载的缺失今天已无法知晓了。从其命名上看,似乎同彘这种动物不无关系。既然叫作"国",当然应指人的国家。这种和人与猪都有关联的"国",不论是否纯然出于神话的幻想,在古代典籍中还是留下了点滴线索。汉代的淮南王刘安主持编写的《淮南子》一书,便在《山海经》之后全面记述了"海外三十六国"的名称,只是将《山海经》中的称"国"改称"民"。这三十六国基本上与《山海经》中讲的相同,仅有一个是《山海经》所没有的,叫作"豕喙民",与凿齿民、三头民等奇特国民并处在东南方。高诱注解说:"豕喙民,其喙如豕。凿齿民,吐一齿出口下,长三尺也。三头民,身有三头也。……皆南方之国也。"①用现代语汇来说,这里的豕喙民就是长着猪一样嘴巴的人种。前面探讨水神韩流的尊容时我们对此已不太陌生。熟悉《西游

图29 吐鲁番出土唐代猪人俑:八戒的原型?
(选自穆舜英主编:《中国新疆古代艺术》,新疆美术摄影出版社,1994)

---

① 刘文典:《淮南鸿烈集解》,中华书局1989年版,第147页。

记》故事的人很容易从此种相貌特征联想到猪八戒的形象。(图29)

现实生活中确实也可看到嘴巴突出的人相,用猪嘴来做形容,也是古已有之的。如《国语》中就曾用"虎目而豕喙"来比喻人的相貌。注云:"豕喙长而锐。"可见这只是借用猪嘴来形容既长又尖的人嘴。但作为一种普遍遗传的特征,成为一国一地之民的共相,若非出于误解的话,至少也有神话想象的作用。对于豕喙民的所以然,神话思维通常的解释不外乎按照龙生龙凤生凤的逻辑,设想为人猪结合之后的变种。下面这则泰雅人神话便以悲剧的形式告诉人们这个道理:

> 从前有个男子,找不到女人愿作他的老婆,结果,不得已与母猪一起,结果母猪怀孕,生下两个儿子,其中一个完全是小猪,另一个虽有人的模样,但嘴巴却尖得像猪而且手脚和指头都很短,丑陋极了,社人们见了他总是捧腹大笑,问他是谁的孩子,可是他始终不敢回答,后来,这个人终于不堪社人们的侮辱,而杀了自己的孩子。①

这种人猪结合的结果,不仅从旁说明了豕喙出现在人身上的原因,而且也为短手短足的特征找到了根源。类似韩流神的那种豕喙、豚止的奇特外观,也就不至于令人大惊小怪了。

古典神话与现存的民间神话之间的一个明显差异在于,无论是《山海经》中的人猪合体形象,还是《淮南子》说到的豕喙民,虽外形上与常人有异,却并不带有歧视和贬低的意味,仅有近乎中性的叙述之词,而无明确的价值判断和主观好恶情感色彩。而泰雅人神话则表现出对人猪私通的某种蔑视,对其结果猪嘴形人的出现当然也要视为耻辱,以至于当事人无法忍受社人们的讥笑,被迫杀死自己那相貌怪异的儿子。造成这种古今差异的重要因素,显然是猪这种动物在人们观念中所占的地位发生了较大的变

---

① 尹建中编:《台湾山胞各族传统神话故事与传说文献编纂研究》,台湾大学考古人类学专刊第二十种,1994年,第96—97页。

化。在那种奉猪为神、视猪为美的原始宗教时代,人若能像猪的话,恐怕非但不是一种耻辱,反倒是一种荣幸。对于韩流、豨韦氏之类的古神来说,岂会因为他们与猪有缘,就遭受歧视呢?

四、猪八戒的原型

在古代小说史上,人们公认最优秀的神话小说是吴承恩的《西游记》。而《西游记》中最成功的喜剧创造是猪八戒的形象。有学者认为,这位亦人亦猪的形象象征着缺乏宗教追求和人生抱负的粗俗的纵欲生活。"他是一位双重喜剧人物,因为作为一个勉勉强强的取经者,他对出家生活一无兴趣;加上他形如妖怪,力大无比,除了大饱口福和搂着女人酣睡外别无所求。他是一个放大了普通世俗之人的形象,如果赋予他以世俗成功和家庭美满的适当刺激的话,他或许会变成一个更为严肃认真的人物。正因为缺乏这些刺激,他在取经途中变得越来越坏,成了一个嫉妒、吝啬、胆小贪吃、沉湎于世俗生活享受的人。作为高家的女婿,他表现得自私而勤劳,同任何白天劳动、晚上归来照料家室、美化住宅的自觉的男人没有任何区别。他虽然好色,但只要夜夜有自己的浑家相伴也就心满意足了。因此,按照一般的标准,他属于模范丈夫一类。他的岳父可能讨厌他的丑陋相貌,但却不能抱怨说,他在田里干活不特别卖力。甚至他的大胃口也是他辛勤劳动的直接后果。"①(图30)也有人说,猪八戒这个形象其实最具有人情味。"食色是人类的本性,而八戒恰是它的代表;但是,人的意义又绝不只是食色,因为任何动物都具有食色的本能,所以用猪的形状来象征。"②这些说法都不无道理,但未能从探本溯源的意义上揭示这一形象的所以然。

同很多神话英雄的身世类似,八戒本来也属于天界之神灵,雅号称为"天蓬元帅"。后因醉酒调戏嫦娥,触犯天条,才被天帝贬下凡尘的。从其名号上看,"天蓬"似与道教信仰有关。唐人杜光庭《道教灵验记》中便有

---

① 夏志清:《中国古典小说导论》,胡益民等译,安徽文艺出版社1988年版,第160页。
② 李安纲:《苦海与极乐——〈西游记〉奥义》,东方出版社1995年版,第130页。

图 30　清代条屏画:高老庄

(选自王树村编著:《中国民间年画史图录》,上海人民美术出版社,1991)

关于天蓬咒和天蓬印的灵验记载。还有成都人范希越雕天蓬印祈雨的传闻。道教徒所称天蓬将军即北方玄武大帝,古籍中认同为水神。由此可推测猪八戒的前身天蓬元帅亦为水神。[①]

在小说第八回"我佛造经传极乐　观音奉旨上长安"中,被贬下尘凡的天蓬元帅首次出场。当时观音同木叉上东土寻找取经人,在一座山前遇

---

① 刘荫柏编:《西游记研究资料》,上海古籍出版社 1990 年版,第 331 页。

到八戒,只见他:

> 卷脏莲蓬吊搭嘴,耳如蒲扇显金睛。
> 獠牙锋利如钢锉,长嘴张口似火盆。
> ……
> 手执钉钯龙探爪,腰挎弯弓月半轮。

面对如此相貌的猪精,观音不禁发问:"你是哪里成精的野豕,何方作怪的老彘,敢在此间挡我?"八戒答道:

> 我不是野豕,亦不是老彘,我本是天河里天蓬元帅。只因带酒戏弄嫦娥,玉帝把我打了二千锤,贬下尘凡。一灵真性,竟来夺舍投胎,不期错了道路,投在个母猪胎里,变得这般模样。是我咬杀母猪,打死群彘,在此处占了山场,吃人度日。

神话时代人猪交配的母题在这里变化为佛家的轮回投胎说,这就解释了这位猪人形象的遗传特征如何由道德惩罚所带来。用人的美丑观来看,猪从外表到习性都很难让人恭维。梁实秋在一篇题为《猪》的散文中写道:

> 任何事物不可以貌相。并且相貌的丑俊也不是自己所能主宰的。可恼的是猪儿除了那不招人爱的模样之外,它的举止动作也全没有一点风度。它好睡,睡无睡相,人讲究"坐如钟,睡如弓",猪不足以语此,它睡起来是四脚直挺,倒头便睡,而且很快的就鼾声雷动,那鼾声是疙瘩噜苏的,很少悦耳的成分。一旦睡着,天大的事休想能惊醒它,打它一棒它能翻过身再睡,除非是一桶猪食哗啦一声倒在食槽里。这时它会连爬带滚的争先恐后的奔向食槽,随吃随挤,随咽随哂,嚼菜根则嘎嘎作响,吸豆渣则呼呼有声,吃得嘴脸狼藉,可以说没有一点"新生活"。

出入猪胎的八戒在精神上没有高远的追求,在智慧和武艺上远不及孙悟空,在忠诚老实方面又不如沙和尚,贪嘴好吃成了这个人物的主要特点。"带酒戏弄嫦娥"这一天上罪孽实际上包含着食欲、色欲两方面的原因:贪酒乃因口腹之欲;调戏女性则出于好色之心。被贬凡尘和错投猪胎本是对食色之罪的惩罚,不想这新生出的八戒仍然改不了老毛病。(图31)

图31　民国时绵竹条屏:三猴烫猪

(选自王树村编著:《中国民间年画史图录》,上海人民美术出版社,1991)

在中国传统文化的价值观中,贪吃远比放纵情欲要少遭道德上的非难,而食欲的发挥又可以构成很好的喜剧材料。为了吃,八戒可以什么都不顾。他见了白骨精的香米饭、炒面筋,顿时垂涎欲滴,现出一副死活不顾的嘴脸。他食量之大,被夸张到令人吃惊的地步。高老说他"一顿要三五斗米饭,早间点心也得百十个烧饼"。在小说第六十七回中他干脆现出猪形,用突出的大嘴去拱稀柿胡同,又将七八百村民送来的饭食不分生熟吞食得干干净净。由于贪嘴而不顾宗教的清规戒律,在三清观竟把供桌上的瓜果供品一扫而光,如风卷残云一般。八戒在高老庄就因大吃特吃的本领而招人嫌恶,自从承担了挑行李西行的任务,更由于贪嘴好吃招来许多磨难。如在五庄观、白虎岭、隐雾山等处,都因嘴馋而遭逢魔怪。小说作者非常幽默地任八戒耽于口腹之欲的享受,但是从不让他真正放纵过一次情欲,相反,倒常因其易被挑起色欲而折磨他。作品第九十五回写到八戒又遇上他旧时的情人——霓裳仙子,为了揭露一个假公主,她和太阴星君一起出现在空中:

> 猪八戒动了欲心,忍不住,跳在空中,把霓裳仙子抱住道:"姐姐,我与你是旧相识,我和你耍子儿去也。"行者上前,揪着八戒,打了两掌,骂道:"你这个村泼呆子!此是甚么去处,敢动淫心!"八戒道:"拉闲散闷耍子而已!"

夏志清先生评论说:这是一段令人惊叹不已的优秀片断,因为在八戒性饥饿的苦闷叫喊中,喜剧几乎让位于正剧。然而,八戒通常只有份儿忍受性欲得不到满足的微妙的喜剧性折磨,而从没有享受过哪怕仅仅是一秒钟的爱情的甜蜜。既然中国人理所当然地把性欲视为危险之物,而不像西方寓言家们所习惯的那样,需对性欲做详尽的说明;因而中国方式的偷情喜剧主要展示的是性骚动的最初阶段。① 本来,猪和猴在中国汉族的民间传说中都曾同淫欲和好色的母题相关。唐传奇中著名的《白猿传》一篇便以猿猴霸占人间美妻为题材,表现猪精贪恋人间女色的则有牛僧孺《玄怪

---

① 夏志清:《中国古典小说导论》,胡益民等译,安徽文艺出版社1988年版,第166页。

录》中的《郭元振》(又名《乌将军》)。《西游记》的作者对这一类前代题材加以改造,让猴行者完全成为不近女色的圣徒,而猪八戒则不能免俗,成为取经队伍中意志薄弱、道心不坚、最易受诱惑的一个角色。如鲁迅所言:"猪八戒这个人物,在《西游记》出现以前就已经存在。换言之,《西游记》中的猪八戒,并不是作者重新创作出的人物,而是沿用以前已有的人物创造出来的。"[①](图32)

图32　清代陕西凤翔年画《西游记》:猪八戒随唐僧等到达西天取经
(选自王树村编著:《中国民间年画史图录》,上海人民美术出版社,1991)

在《西游记》之前就写到猪八戒的是元代杂剧《唐三藏西天取经》,可见这个形象的产生和唐僧取经的佛教题材有关。来自敦煌文物的一幅幢幡图像为我们追索佛教中的猪人形象提供了更早的线索。这是斯坦因氏从敦煌石室中劫走的一张唐代图像。上面绘的是大摩里支菩萨,菩萨脚前有一头金猪,描绘为猪头人身的造型,两手架开,做奔走状。这正是杨景贤在西游记杂剧中让猪八戒自称是"摩利支部下御车将军"的根据。而到了吴承恩笔下,佛教传说中的御车将军就经过脱胎换骨变成为人挑担的长途脚夫了。

---

① 转引自刘荫柏编:《西游记研究资料》,上海古籍出版社1990年版,第776—777页。

五、乌将军与黑相公

梁实秋笔下写到猪之外观,觉得实在难以恭维,便一开篇就从颜色上做文章:"猪没有什么模样,笨拙臃肿,漆黑一团。四川猪是白的,但是也并不俊俏,像是遍体白癜风,像是'天佬儿',好像还没有黑色来得比较可以遮丑。"正由于我国境内自古以来所饲养的家猪大多为遍体黑色,所以有好事者为猪起了一些以颜色为标记的文雅称号或别名,如乌金、乌将军、黑相公、黑面郎、乌鬼等等。这些别名不仅在民间口耳相传,不胫而走,见诸古代文献者亦不在少数。

乌金一名,首见于唐代笔记《朝野佥载》:"拱州有人畜猪以致富,因号猪为乌金。"养猪致富之路在我国自古及今都为人称道,用乌金一名来称猪,表达了对猪的美好寄托。与此相关的民间故事甚至形成了一个专门类型,被学者命名为"逗金猪型故事"。流传于吉林前郭尔罗斯地区的《五只小金猪》便是一例。

该故事讲一闯关东的山东老汉来到塔虎古城,靠种甜瓜为生。一日,一外地来的寻宝人要以高价收买老汉的看瓜窝棚。寻宝人告知,远古时,天宫里的看猪小童贪玩,从天宫拔了一支天烛,借亮向下界跑来,他看守的天猪也跟着跑了下来。寻宝人得知老汉窝棚里的一根红里透黑的木杆子,便是天烛,便与老汉商议于大年三十年夜子时,点起天烛捉拿天猪。年三十晚,点起天烛,眼前出现了一个从未见过的神奇世界:十双金猪向他们走来。寻宝人用红高粱逗引天猪到他准备好的簸箕里。五双金猪好久都没有走近,到最后,眼看一头猪要走进簸箕里,老汉一脚踹灭了天烛,一切都不见了。要到手的五双金猪——五块大乌金也不见了。[①]

这个故事充分体现了民间以猪为宝的心理观念,可为乌金一名提供旁证。金子本为金黄色,乌金虽为黑色,其价值却可与黄金相比照。生物学家告诉人们,猪之所以多为黑色,这完全是人工畜养以后的结果。因为野

---

① 前郭尔罗斯蒙古族自治县民间文学集成编委会:《五只小金猪》,见《吉林省民间文学集成·前郭尔罗斯卷》上卷,1988年,第174—178页。

生动物的毛皮不宜呈现为黑色或浅色。兽类之中除了极强悍者如豹和熊有纯黑的以外,很难看到那样的颜色。黑和白的色彩在大自然中显得过于鲜明,很容易暴露自身和招引攻击。① 家畜生活在人的保护之下,其受天敌攻击的概率要小得多,这就使其毛色变黑有了一定的安全保障。通体纯黑的家猪在自然造物中显得格外突出,人们着眼于色彩特征为其起诨名,也就成了约定俗成的。(图33)

图33　猪八戒京剧脸谱

(培文摄影,选自《中国旅游》1988年4月号)

比乌金之名少一点发财致富的寄托,而多一点戏谑味道的是乌鬼。清人厉荃《事物异名录》卷三十七引《承平旧纂》云:

> 桂林风俗曰食蛙。有来中朝为御史者,或戏之曰:"汝之居乃蛙台也。"答曰:"此名圭虫,岂不胜于黑面郎哉。"黑面郎谓猪也。

---

① Weston La Barre, *The Human Animal*, The University of Chicago Press, 1954, p. 145.

同书又引《懒真子》云：

> 老杜诗云"家家养乌鬼"，《笔谈》以为鸬鹚，非也。仆见一峡中士人言："乌鬼，猪也，峡中人家多事鬼，家养一猪，非祭鬼不用，故于猪群中特呼乌鬼以别之。"此言良是。又鸦亦名乌鬼。①

比乌金和乌鬼更有知名度的外号是乌将军。其得名由来在于一篇同名的唐传奇，又名《郭元振》。故事讲到郭元振在开元年间下第，自晋之汾，夜行失道，走进一宅，见堂上灯火通明，却不见人。但闻女子哭声。上前询问，女子答曰，妾乡有乌将军，能祸福人。每岁乡人择美女嫁焉。我父受乡人钱财，把我灌醉送到这里等候乌将军，一更时就要到来。郭元振听后大怒，发誓要解救这一女子，不成功便以身殉死。过了不久，乌将军一班人马到来，郭元振上前行礼说，我听说今夜有嘉礼，特前来为相。乌将军高兴让座。不料郭取佩刀砍断将军手腕，将军失声而逃。天明后看那被砍下的手，原来是只大猪蹄。又令乡人执弓矢寻血而行。入大冢中，见一大猪无前蹄，因失血过多而死。② 这则传奇先讲述乌将军每岁娶美女之事，最后才让他现出猪的原形，结局虽有些出人意料，但还是首尾圆贯，名实相符，而且给读者留下回味的充分余地。乌将军名号虽雅，其实不过是个假冒人形的淫欲猪精，成语所说的衣冠禽兽，正可用在这一形象身上。

与乌将军的命名具有异曲同工之妙的是黑相公。相公之名，本为古人用来指称宰相。顾炎武《日知录》卷二十四写道："前代拜相者必封公，故称之曰相公。"解释了此名的由来。王粲《从军》诗云："相公征关右，赫怒振天威。"这里的相公指的是曹操。后来相公一名的用法扩大，凡上层社会中青年男士皆可称相公。《通俗编·仕进》："今凡衣冠中人，皆僭称相公。或亦缀以行次，曰大相公、二相公。"以上材料表明，相公一名的意指可广可狭，但都用于对有身份的男子之尊称。将此名号转用于猪类，这同

---

① 厉荃：《事物异名录》，岳麓书社1991年版，第526页。
② 参见《渊鉴类函》卷四百三十六"兽部"引，中国书店1985年版。

黑面郎之类戏称一样,确实包含了某种反讽的意思。韩少功《马桥词典》记述湘西农村的民间方言与民俗,便有"黑相公"一节:

> 一天夜里,突然听到村里有人大喊大叫,"嗬——嗬——嗬"的声音此起彼伏,片刻后狗也吠成一片,好像出了什么大事。我爬下床开门来看,原来是一只大山猪窜入村了,被男人们刀砍棒打,留下一线血渍和几束脱落的猪毛,不知跑到哪里去了。男人们都说可惜可惜,意犹未尽地朝黑黝黝的岭上又"嗬"了一阵。
> ……他们把山猪叫"黑相公"。①

这种叫法可真是雅俗颠倒、文野互换,体现着民间特有的幽默感。看来中国老百姓在为动物起名方面,有着某种贯通古今的智慧措辞。无论是1000年前的乌将军,还是1000年后的黑相公,都会敷衍出一套动听的故事。那么再过若干年、若干世纪,与国人的日常生活密切相关的猪又会增生出哪些有趣的名号,敷衍出多少软幽默的故事呢?

六、人变猪神话的由来

一则南太平洋赫维岛民(the Hervey)的猪起源神话讲道:玛鲁是一位老盲人,他与儿子卡申加住在一起。有一年发生饥荒,卡申加很难为父亲和自己找到食物。他给盲老人一些香蕉根和鱼充饥,自己仅靠些贝类海生物维生。老人怀疑儿子把最坏的食物给了他,自己偷偷吃好东西。后来才发现卡申加已经快饿死了,他用手摸儿子的身体,觉得那只是一副骨头架子。两人抱头痛哭,父亲用椰子和面包果做了一顿美餐,那是留待万不得已时才吃的。两人吃光这一切,面面相觑,只有等死了。父亲叫儿子用树叶和草把自己盖起来,然后回家待上四天。等到四天后蠕虫生出来了,再回来看他。卡申加照父亲所吩咐的去做了。当他再回到父亲死处,看到所

---

① 韩少功:《马桥词典》,作家出版社1996年版,第287页。

有那些树叶和草散乱开来,从那土中跳出一群猪,有黑色的、白色的和花斑的。饥荒永远成为过去,卡申加成了这个岛上的伟大首领。①

这是一则非常有趣的神话,它把猪的起源作为解决人所面临的饥荒威胁的一种一劳永逸的办法来加以叙述,这就异常鲜明地回答了为何养猪的问题,把人猪关系放置于简单的功利性的因果程式中。而关于猪源自自我牺牲的父亲这一情节,一方面与图腾化身信仰相联系,另一方面也体现着以农耕经验为基型的死而复生信仰,以及神(或祖先)之死给后人带来永久性食物的神话观念。关于后者,伊萨克曾做过如下比较和概括:动植物的驯化者们在世界观上具有相似性——

> 在新旧大陆的农业仪式之间,有着某些惊人的相似。阿兹台克人有一个"杀尤伊齐洛波奇特利神"的节日;在那一天,由加进人血的生面团做成这个神的像,被一个僧人"杀死"在庙中。神像接着被切成碎块,并分给全村社所有的男人吃掉。还有许多举行类似仪式的农业节日。旧大陆农业社会的所有关于被杀之神的神话,其主要内容如下:神的死亡,由于神死了而获准取得食物,并且建立了人和植物共命运的世界秩序。②

神话总是以奇特幻想的方式去解答困惑初民的理性难题,在现实的必然性和超现实的可能性之间架起桥梁。据赫维岛人的神话,现存的猪种乃是复活的先祖。参照神话讲述的其他习俗,玛鲁老人吩咐儿子用树叶遮盖自己身体的细节也就不难理解了:"本世纪(20世纪——引者)初,P.布莱在大洋洲新不列颠岛收集的神话里谈到,许多英雄死后,如果人们收拢其遗骨并覆盖树叶(通常是香蕉树叶),施以魔法,英雄便可以复活。"③树叶和草类植物皆是年年再生的,人们希望借助于它们的再生力量给动物和人

---

① 安德鲁·兰:《神话、仪式和宗教》,AMS出版社1968年版,第1卷,第144—145页。
② 伊萨克:《驯化地理学》,葛以德译,商务印书馆1987年版,第153页。
③ 让·谢瓦利埃、阿兰·海尔布兰特编:《世界文化象征辞典》,《世界文化象征辞典》编写组译,湖南文艺出版社1992年版,第284页。

也带来死后复活的能力。儿子卡申加获得由老父变的猪群后就能登上至尊之位,成为部落社会的领袖,这一结局也暗含着猪作为财富和权力象征的意思。在"飞土逐肉"的狩猎社会中,体魄强健的勇武猎手最易被拥戴为领袖,而到了"养肉"社会中,拥有家猪数量最多的人也就理所当然要被奉为"头人"或"首领"了。

在尚处在石器时代生产水平的安达曼岛民社会中,捕猎野猪是重要的食物来源。该社会的宗教意识中猪亦占有相当的地位。神话中讲到两位主要的神西北季风和西南季风是夫妇,他们生下的子女有日、月和鸟。月为男性,太阳做了月的妻子,生下星星。月神有时会变成猪。① 这种把猪同天文现象相联系的神话素材对于理解汉字中的"豕"同作为十二支末位的"亥"之间的关联,或许能有所启迪。岛民社会中还流行生殖女神及其配偶男神结婚的神话。坎贝尔认为这是在旧大陆自新石器时代以来就流传的典型的农耕神话模式,如维纳斯与阿都尼斯,易士塔与塔木兹,以及古埃及的奥西里斯,等等。学者们倾向于认为此种神话模式连同养猪和制陶技术,都是从大陆上传播到安达曼岛的。该神话在岛民部落中转换为祖先神话和动物图腾相交织的形态:大蜥蜴先生是世上第一位男人,他的妻子是麝猫夫人。结婚之前,大蜥蜴先生刚刚完成他的成年礼,到丛林中去猎猪,爬树时被挂住了生殖器。麝猫夫人见状把他从困境中解救出来,二人成为夫妻,就是安达曼岛民的始祖。② 神话还将某些食用动物说成是岛民当初的祖先:麝猫夫人将某些祖先变成了猪;有些猪跳入海中,又变成了海牛(dugong,又译儒艮)。坎贝尔分析道:那些被宰杀和食用的动物与一般作为人之邻居的动物相比,显然对于岛民的心理具有特殊的意义。可以引用吉泽·若海姆的话来揭示此种含义:"所有被杀的都变成父亲。"安达曼人的成年仪式看来也旨在保护成年者免受被食之动物的灵力之侵袭。要行成年礼的男孩和女孩都要在一段时间内禁食该种动物,然后在仪式性的

---

① 坎贝尔:《神之面具:原始神话学》,纽约,海盗出版公司1959年版,第367页。
② 坎贝尔:《神之面具:原始神话学》,纽约,海盗出版公司1959年版,第368页。

保护之下开斋进食。①

把猪说成是由人变化而成的,这种神话观念表明初民并未在人与动物之间划出截然有别的本质差异和界线。尽管在现实中人依赖猪为肉食来源,但这种经验事实并未在意识中把人凌驾于动物之上,反而把依赖对象视为在许多方面优于人本身的圣物,视为未成年人必须依赖的父亲,后人必须依赖的先祖,这就是人变猪一类幻想发生的信仰条件。除了神话故事,原始社会以来的许多化装仪式也在图示表演祖先与动物的同一互换关系。研究图腾现象起因的苏联学者海通写道:部落社会中的老人集中了前辈人的经验与知识,因而能更有效地确定一些动植物繁殖的地点和方式,有较好的狩猎方法。于是,群体成员就会通过老年人来请求传说中的始祖影响自然力。在仪式上,老年人装扮为动物,效仿动物的习性,讲述关于祖先的奇异经历。大家确信此种象征性的仪式表演会求得祖先的帮助,祖先会亲自化身为某种动物或植物。②

人化身为猪的另外一种情形是,恶人为了使常人看不见他们的存在,往往可以施用隐形术,或化身为猪、狗、鸟或鱼等。阿鲁(Aru)岛民部落就流行此种化身信仰,常人遇到此类动物需要格外留心,以免被恶灵所伤害侵扰。③

至于第三种类型的人变猪,是被动性质的变形,和前两种由神(祖)或恶灵附体的妖巫主动性自我变形不同,某一凡俗之人因罪过(违反禁忌或冒犯超自然力等)被惩罚变成某种动物。各古文明中流传下来的"变形记"故事多属此类。

西方文学中由于有荷马史诗《奥德修纪》卷十所记刻尔吉女神变人为猪的一幕,对于此种类型的变形似乎早已司空见惯,不足为奇了。英雄奥德修航海返乡途中,路经埃亚依岛,手下二十二人去拜访刻尔吉女神:

---

① 坎贝尔:《神之面具:原始神话学》,纽约,海盗出版公司1959年版,第370页。
② 海通:《图腾崇拜》,何星亮译,上海文艺出版社1993年版,第222页。
③ 参见克劳利:《神秘玫瑰》,纽约,子午线图书公司1960年版,第1卷,第101页。

刻尔吉带他们进了房间，请他们在椅子上坐下，请他们吃些奶酪、麦饼、浅黄色的蜂蜜和普难尼酒，但是她在酒饭里加上迷药，使他们完全忘记故乡；她请他们喝了酒之后，就用杖打他们，把他们关在猪圈里；他们的头脸、声音、毛发和身体都变成猪，只有思想感情依旧不变；这样他们啼哭着就都被关闭起来了；刻尔吉又丢下一些槲橼的果实和山茱萸给他们吃，那些都是爬行的猪经常吃的东西。①

奥德修幸亏有神使赫尔墨秘传的草药，才免遭被变为猪的厄运，并且用智慧说服女神释放了他的伙伴们：

刻尔吉走过堂上，手里拿着杖，打开猪圈的门，把那些变成九岁的猪的形状的人赶出来；他们站在她面前；她从他们中间走过，给他们每人涂上另一种药，过去女神刻尔吉用药使他们长出的猪毛就从他们身上落下；他们又变成人，而且比以前更年轻，更壮健魁伟。②

看到这场人猪之间的变形悲喜剧，文明人也许会惊讶荷马的神话想象力。现代速效养猪法用半年时间就可使仔猪长大到80千克体重，九岁以上之猪恐怕早已养成猪精了。与原始部落中祖先变猪的信念不同，荷马史诗中把变猪看作人生中的悲惨事件，这恐怕和早期希腊文明中人的自我意识萌生有一定联系，希腊人不再像原始人那样把动物和人类视为同类。这样，变形也就是人的"异"变，当然要视为不幸和灾难。

---

① 荷马：《奥德修纪》，杨宪益译，上海译文出版社1979年版，第123—124页。
② 荷马：《奥德修纪》，杨宪益译，上海译文出版社1979年版，第127页。

第五章　汉语汉字中的猪文化编码

一、分类编码的部首"豕"

"豕"字作为猪的象形字,标示着作为六畜之一的这种动物;而作为汉字的结构素,又可充当分类编码的会意符号。今天通行的辞书《辞海》就专列出一个"豕部",将一大批以此为部首的字归入一类,几乎没有例外都与猪有这样那样的关联。若从世界语言的多样性来看,对猪这种家畜的语言编码能够达到汉语这样的发达繁复程度的并不多见,这就给人们透过语言文字现象了解文化特性准备了生动的教案。(图34、图35)

先看《说文解字》这部2000年前的字书中收录的从豕之字系列:

1. 豬,豕而三毛丛居者,从豕者声。

这一解释引发了后世不少争议。什么叫"豕而三毛丛居者"呢?清代小学家桂馥提出了合理的说明。他引用《本草嘉祐图经》:"犀,其皮每一孔生三毛。"此即三毛丛居义也。但豬非三毛丛居,当是豴字训,错入豬下

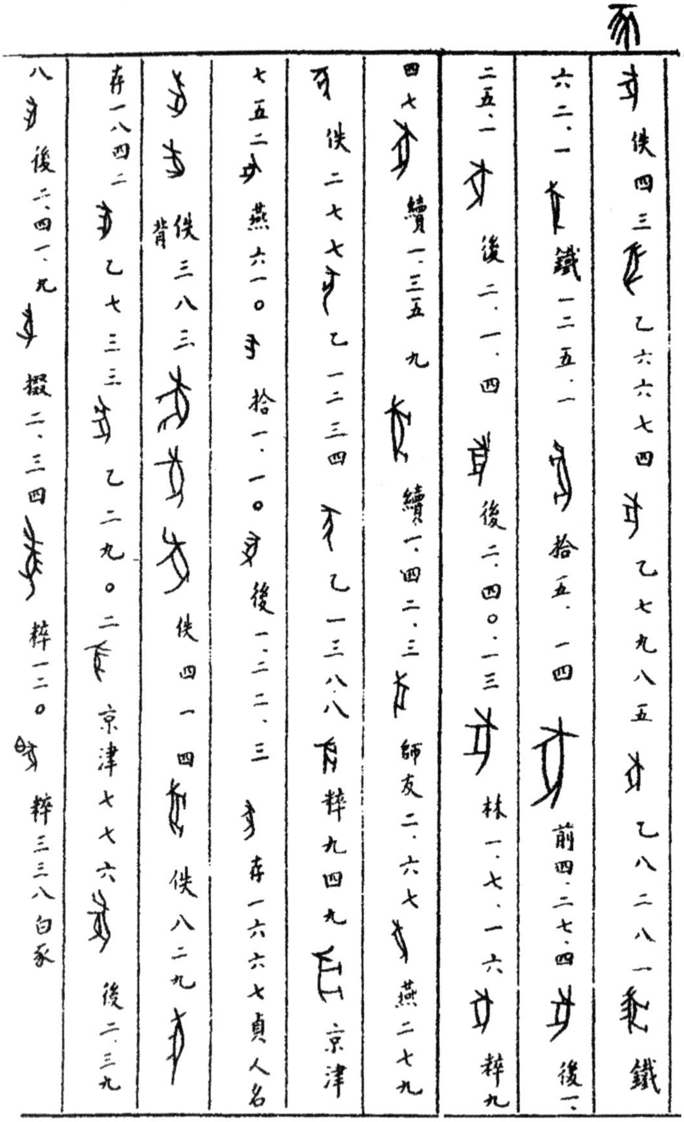

图34 甲骨文中的"豸"字

(选自中国科学院考古研究所:《甲骨文编》,中华书局,1965)

也。《左传·定公十四年》释文:"艾,《字林》作狋。三毛丛居者。"①看来古人观测事物之精细微妙,远远超出后人的想象。就连汗毛丛生的形态也

---

① 桂馥:《说文解字义证》卷二十九,齐鲁书社1987年版,第816页。

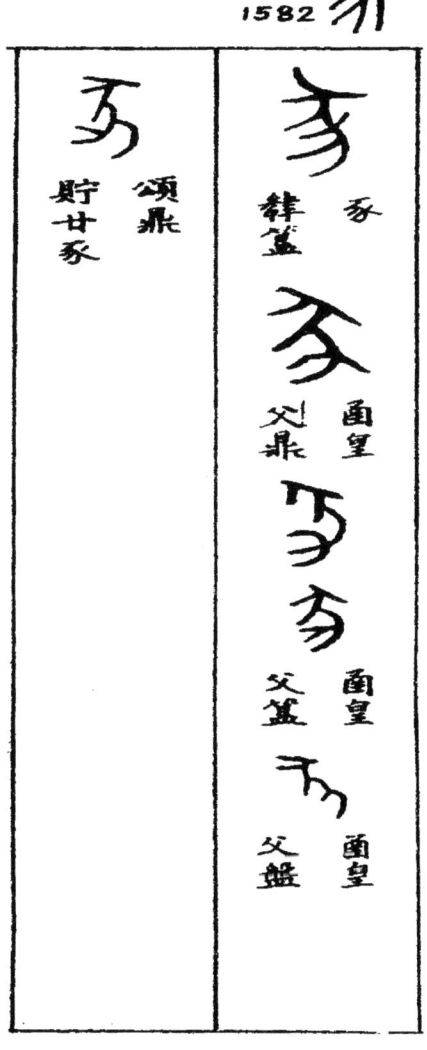

图35 金文中的"豕"字

(选自容庚编著:《金文编》,中华书局,1985)

注意到了,并试图用文字将此特异处表达出来。今日作为类名的"猪"早已不是当年具体可感的"豬"了。

2. 豰,小豚也。

正如羔为羊子,驹为马子,狗为犬子,古人用"豰"表示猪子,羔、狗、豰在音韵上正相对应。

3. 豯,生三月豚,腹豯豯貌也。从豕,奚声。

这是专门指称刚生下来三个月的小猪之名。较难索解的是"腹豯豯貌"之说。《玉篇》云:"豕生三月曰豯。"也未说明此一命名的所以然。再查《说文解字》释"奚"字:"大腹也。"可知"豯豯貌"指的是小猪三月后渐渐鼓起的肚子形状。

4. 豵,生六月豚。从豕從声。一曰一岁豵,尚丛聚也。

这是比三个月的猪要大,又比成年猪小的专用猪名。什么叫"尚丛聚"呢?王筠说:豵丛二字叠韵。小豚皆从其母,故丛聚。其说可从。

5. 豝,牝豕也。从豕巴声。一曰一岁能相把拏也。《诗》曰:"一发五豝。"

此字兼有两义,或指母猪,是以性别为准的分类;或指刚成年的小猪,是以年岁为准的分类。"一岁能相把拏"可又作"二岁能相把拏"。注家多注意到"把"与"豝"的音近关系。《增韵》:"豝,娄猪,牝豕。"《字说》:"豝,所谓娄猪。"巴犹娄也。

6. 豜,三岁豕,肩相及者。从豕幵声。《诗》曰:"并驱从两豜兮。"

豜为三岁猪之名,但也稍有争议。王筠曰:《齐风》韩诗、毛诗皆曰兽三岁曰肩。惟大司马郑司农注曰:一岁为豵,二岁为豝,三岁为特,四岁为肩,五岁为慎。肩相及者,谓及其母也。豜肩叠韵,且以关经文借肩为豜也。[①] 猪仔长到三岁,可从高度上与母猪比肩了,所以古人为其取了这个寓肩于豜的专名。

7. 豮,羠豕也。从豕贲声。

阉割过的公猪应有专名以同其他猪相别,豮字便担当了此任。正像被阉之牛、羊、马等家畜皆有专名一样。《易》释文引刘云:"豕去势曰豮。"陆希声《易传》:"猿,豕之去势者。"这个字又写作獖,亦可用于指人的阉割。《韩非子·十过》:"公妒而好内,竖刁自獖,以为治内。"注云:"獖,亏势也。"

8. 豭,牡豕也。从豕叚声。

公猪之名,《左传》又称"艾豭",郭注《方言》谓之"豭斗"。从古书的

---

① 王筠:《说文句读》卷十八,中国书店1983年版,第30页。

用例看,古人大凡用于诅盟等场合的牺牲,皆选用公猪。字又可作豭。《易林》:"牝牛牡豭",便是将母牛与公猪对言。

9. 豛,上谷名猪。从豕役省声。

"上谷"乃汉代所置郡名。这个"豛"当是以地域为准的家猪分类专名。王筠对此仍有不同看法,以为"此古者谓年龄之例也"。马叙伦以为是上谷人对猪的称呼,是猪的转注字。①《广韵》则云:"豛,猪之别名。"

10. 豨,豵也,从豕隋声。

此为单纯的形声字,意思与豵同,均指阉过的猪。《尔雅·释兽》郭注:"俗呼小豮猪为豨子。"颜注《急就篇》亦云:"豵,犗豕,亦谓之豨。"王筠说:"分大小看,豕或生数月而骟,或数年而后骟也。"准此,则自小被阉之猪和长大后被阉之猪各有专名,以示区别。

11. 豤,齿也。从豕艮声。

王筠注:"与齿部龈同,但此专属豕耳。"②这就是说,造字者专为表示猪的牙齿而造此字。

12. 㺃,豕息也。从豕壹声。

13. 豧,豕息也。从豕甫声。

以上两字是专指猪的呼吸而设的名称。㺃字在上古也曾作为人名而使用,见《左传·襄公四年》:"生敖及㺃。"

14. 豢,以谷圈养豕也。

此字前已论及,见本书第二章第五节。

15. 狙,豕属。从豕且声。

此字解说未详,后代注家多不置可否。马叙伦怀疑是《字林》书中的文句误入《说文解字》。

16. 豲,逸也。从豕原声。《周书》曰:"豲有爪而不敢以撅。"读若桓。

"逸"之训难通,注家或以为笔误。据《六书故》《玉篇》等,"逸也"二字当改为"豕属也"。而所引《周书》则应加逸字为《逸周书》。豕属之豲

---

① 马叙伦:《说文解字六书疏证》卷十八,上海书店1985年版,第76页。
② 王筠:《说文句读》卷十八,中国书店1983年版,第27页。

是何种动物,《山海经·北山经》讲到的源可为参照:"其状如牛而三足。"

17. 豨,豕走豨豨。从豕希声。古有封豨修蛇之害。

这个豨字在论及开辟大神豨韦氏时已涉及。《篡文》:"梁州以豕为豬,河南谓之彘,吴楚谓之豨。"药草有名豨苓,今呼猪苓。豕韦氏又可称豨韦氏。《资治通鉴》有"豨突"一词,注云:"豨,豕也,豕健于突。"《玉篇》云:"猗,楚人呼猪声。"据此可知,猗豨为同字异写,得名于楚方言称呼猪的发音。这样,许慎所讲的"豕走豨豨"就不大可靠了。丁淮汾《方言音释》云:"豕古音读追。豬长鸣声,豕豬亦双声,豨豕叠韵。《说文》,豨,豕走豨豨也,豨俗作涩;谓其行走艰涩也。"①猪的体形虽身大腿小,但似乎还不至于行走艰难,否则又岂会有"豕突"之说呢。

18. 豦,豕绊足行豦豦。从豕系二足。

对这字的解说引发后人怀疑。马叙伦说:既然绊两足,又岂能行走呢?今之养猪者没有绊足之俗。只有拉到市场上去卖时才绊其足,而且是前后足并绊。甲骨文中有在豕下划一横的字,怀疑即《说文解字》中此豦字。那一横代表猪势,当为性别符号。②

19. 豦,斗相丮不解也。从豕虍,豕虍之斗不解也。司马相如说,豦,封豕之属。一曰:虎两足举。

此字的解说可疑处不少。豕与虎相斗,虽不无可能,但有何必要为此专设一字呢?大千世界中相撕斗者数不胜数,是否均会引起古人的关注,用专名加以界定和区分呢?王筠说,许慎在此仅仅泛泛而言,并非实指豕与虎斗。"此譬况之词,言猛如豕虎也。"

20. 豙,豕怒毛竖。一曰:残艾也。从豕辛。

《尔雅翼》说豪猪云:"见人则怒,其毫白色尽露,盖是怒气所发。"残艾之艾当作刈。这是形容猪被激怒时形态的词,后世罕用。(图36)

以上仅是《说文解字》从豕字系的前20例,由此不难看出,古汉语中对猪的分类编码是如何复杂细致,从性别、年龄、阉割与否、地方亚种、毛

---

① 丁淮芬:《方言音释》卷八,齐鲁书社1985年版,第149页。
② 参见马叙伦:《说文解字六书疏证》卷十八,上海书店1985年版,第78—79页。

图36 其状如豚而白毛的豪彘

(选自袁珂校注:《山海经校注》,上海古籍出版社,1980)

状、呼息等形态特征,均有专名加以界定。对于熟悉现代汉语中唯一的抽象概念猪的今人来说,古人感知事物的具体性足以令人惊叹。后代民间又为猪增添了许多别名、雅号,比较常见的有以下10个:

1. 亥日人君。《抱朴子》:"山中亥日称人君者,猪也。"此一称呼着眼于豕与亥两字的相关性,可参见本书第一章第一节。

2. 长喙将军。参军 《古今注》:"猪一名长喙将军,一名参军。"

3. 大兰王。《俳谐集》:"北燕伯使使者豪猪,册命大兰王。"陈造《烧猪诗》云:"彼美大栏君。"似乎"兰王"之"兰",取自猪栏之"栏"。

4. 兰子。《正字通》:"豚,小豕也,一名兰子。《列子》云'牢有栏子',即兰子。"张湛注《列子》:"凡物不知生之主谓之兰。"这又可备一说。

5. 糟糠氏。《清异录》:"伪唐陈乔食蒸豚,曰:'此糟糠氏面目殊乖,而风味不浅也。'"这个诨名显然得之于猪的饮食习性。

6. 鲁津伯。得名缘由见前章。

7. 黑面郎。得名缘由见前章。

8. 乌鬼。得名缘由见前章。

9. 乌金。得名缘由见前章。

10. 乌将军。得名缘由见前章。(图37)

关于各地猪种的形态差异,古书中也不乏记录。方以智《通雅·动物》引东璧曰:

图37 金文中的"人-猪"符号

(选自容庚编著:《金文编》,中华书局,1985)

青兖徐淮者耳大;燕冀者皮厚;梁雍者足短;辽东者头白;岭南者花白多;生江南者耳小,曰江猪。

又引《涌幢小品》：

"彖,张腹而臧毕露者也。"升菴谓为貓豬。①

后世人讲到对各种家养动物的阉割,又约定俗成产生了若干区别用语。如《腥仙肘后经》曰："骗马,宦牛,羯羊,阉猎,镦鸡,善狗,净猫。"七个同义词中至少有宦、阉、净三个均可施用于人。甚至猪的粪便,古人也赐予一个专名。"马矢曰通,猪矢曰零"②,便是这样一种相对的说法。

看来,汉语中对猪的文化编码十分繁复细致,从猪的年龄、性状到猪的排泄物,几乎都立了专名。这种情况可从一个侧面反映我国猪文化的发达程度和悠久传统。如果说语言的世界就是我们感知和思想的界限,那么透过汉语汉字中的猪文化踪迹,可以对比较文化的研究提供哪些借镜,对人类关于猪的认识有何种贡献呢？

二、彘鹿同科之谜

上海某一位属猪的作家在报上刊登一篇题为《程先生让我属"鹿"》的文章,讲的是著名画家程十发画生肖的一件趣事。某天程先生到朋友家做客,应邀为这家姐妹几个画生肖。四妹属马,程十发画了一匹小马;五妹属鸡,程十发又画了一只小鸡。轮到属猪的姐姐了,程十发说,这猪又懒又笨,画出来不好看,我替你画张小鹿吧。不一会儿,美丽的小鹿画出来了,睁着温柔而善良的眼睛,令人喜爱。小姐妹的父亲呵呵笑着说,这一来,属鹿了。程十发说,属鹿蛮好嘛,永远快乐。

---

① 方以智:《方以智全书》第一册,上海古籍出版社1988年版,第1378页。
② 方以智:《方以智全书》第一册,上海古籍出版社1988年版,第1382页。

鹿和猪完全是两种截然有别的动物,怎么能如此轻易地相互替代呢?何况人们都非常熟悉的十二属相中并没有鹿这种动物。除了大画家的上述做法,生肖研究者还可举出普通人方面类似的例子。表明以鹿代猪的做法确有一定的普遍性:"慈祥的长者逗娃娃们开心,属马画马,属鸡画鸡,轮到属猪的孩子,就画一幅小鹿图,送给她。这是嫌属猪不好吗? 倒也不是。生肖是代表出生年份的符号。人的属相是不可选择的,一个智力健全的人也不会为属相的不可选择而烦恼。"① 话虽如此说,但是猪鹿混同互换的理由似乎并未引起人们的注意。

从神话中得来的信息表明,远古初民确实曾认定猪与鹿在物种由来方面是同源的。一则台湾布农人神话讲道:

> 古时候鹿和野猪都是人,因为做了坏事逃入山中,结果变成了兽类,现在,人类想请野兽回家,他们也不敢来,就是因为怕人类惩罚它们的缘故。②

说猪鹿同源于人类,固然有悖于科学常识,与生物进化的程序不符。将人变兽的原因解说为罪过与惩罚的因果报应,这也是神话思维惯有的逻辑。不过,布农人为何不说其他兽类是人变的,偏偏要把鹿和野猪说成是同源共生的呢?从《山海经》等传世文献提供的材料看,猪鹿的认同不只是现今少数民族神话所特有的个别现象。《山海经·中山经》云:

> 又东北一百里,曰美山,其兽多兕牛,多闾麈,多豕鹿,……
> 又东南二百里,曰琴鼓之山,……其兽多豕鹿,多白犀,其鸟多鸩。
> ⋯⋯

---

① 吴裕成:《人与十二属相》,天津大学出版社1993年版,第200页。
② 尹建中编:《台湾山胞各族传统神话故事与传说文献编纂研究》,台湾大学考古人类学专刊第二十种,1994年,第145页。

又东北二百里,曰玉山,……其兽多豖鹿麢㚟,其鸟多鸲。①

此处三次说到的"豖鹿",古今注家皆语焉未详。有人以为是指野猪与鹿两种动物。但从"多豖鹿,多白犀"的句式来看,豖鹿似应为一个合成词,指的是一种动物。且不论豖和鹿的合成是一种神话类比的合成,还是初民的动物分类模式使然,这种组合本身当有一定的类比依据。这一类比依据究竟是什么呢?(图38)

图38 犬齿似鹿角的豚鹿

时过境迁,书缺有间。我们从现有文献中找不到现成的线索。不过却可以通过汉字中保留的远古时期的造字表象来解答这一历史之谜。古汉语中常用指猪的字是豕和彘。这两个字其实分别侧重标示猪的总体和局部特征,古代文字学家对此已有认识。《说文解字》卷九下分别解释说:

豕,彘也。竭其尾,故谓之豕,像毛足而后有尾。读与豨同。
彘,豕也。后蹄发谓之彘。从彑矢声。从二匕,彘足与鹿足同。

---

① 袁珂校注:《山海经校注》,上海古籍出版社1980年版,第154—159页。

王筠《说文句读》卷十八注"豕"字云:"此又别之也。与后蹄发谓之彘相对立文。竭,负举也,尾豕声相近。"可见,豕作为象形字,本为竖起的全猪素描图。猪身四足与尾巴皆在画面之内。而彘字的构成则仅仅取象猪的头与蹄。字形上部之彑,《说文解字》释为:"豕之头,象其锐而上见也。"下部中央之矢为声旁;两旁的匕即为猪蹄的会意符号。许慎还特意向人们说明:猪蹄和鹿蹄是相同的。王筠对此的看法颇有见地,他说:

  凡三体四体之字,必尽说其义而后及其声。独此从二匕,退在矢声下,又申说之者。彘以北为足,鹿以比为足,然只是象足形,不能以北比为之足也。乃曰从二匕者,彘之从二匕,与㲋从二人同法。彼之左人作𠆢,以见其相向夹辅也。此在左匕作𠃌,以见其为后蹄发也。然恐人误认为比叙之匕,匕牲之匕,则弥误矣。故申之曰彘足与鹿足同,以见𠃌之向外,不殊𠃊之向内也。①

从这一解说可以看出,彘鹿二字在造字之时都将表示足之特征的"比"作为结构要素,这无异于向后人暗示出猪鹿同科的原始原因。用今天的话说,猪和鹿都是有蹄动物,二者的蹄子又都呈现为中间分叉的形状,与马蹄、牛蹄、羊蹄等皆有所差别。这正是关注具体形象的原始思维要将猪鹿划归同类的理由吧。至于中分的蹄子究竟是向外分还是向内分,那毕竟是次一级的同中之异了,许慎当然用不着过于计较。(图39)看来无论是《山海经》中的合成词"豕鹿",还是布农人神话讲述的猪鹿同源,都是以原始思维的这种类比逻辑为基础的,并非出于偶然。古人习惯上把猪和鹿联系在一起的做法,由此可找到深层的原因。孟子说:"舜之居深山之中,与木石居,与鹿豕游,其所以异于深山之野人者几希。"这里的"鹿豕"连言,恐怕也不会是信口所至。

《说文解字》卷十上又释"鹿"云:"兽也,象头角四足之形。鸟鹿足相似,从匕。"这个说法在今人看来难免怪异:鸟的爪子怎么会和鹿的蹄子相

---

① 王筠:《说文句读》卷十八,中国书店1983年版,第29页。

图39　唐代鹿纹刺绣(注意偶蹄刻画)

(选自黄能馥、陈娟娟编著:《中国历代装饰纹样大典》,中国旅游出版社,1995)

似呢? 王筠辩解说:鹿字下半似比,鸟字下半似匕。此文出于鹿下,不云从比而云从匕,故谬其词者,防作篆者有伪也。王氏还说:"凡兽之能疾行而不堪任重者,其字率似比。而鹿兔能下皆不言从比,为其第象足形,与比字无涉也。乃麤下云从二匕,又申之曰麤足与鹿足同者,亦以防篆之伪。"①按照类比推论原则,分叉的鸟爪和分叉的兽蹄只因在有别于不分义者这一点上相同,便可视为同类的事物。兽类中凡是跑得快却不能负重物者,或许正因为其蹄足有分叉的缘故吧,当然也可归入一类,用表示两偶蹄的"比"来做偏旁,这个作为造字结构素的"比"就成了某种分类编码的符号。《说文解字》中还有个从"比"的"㲋"字,今人或以为是兔的本字,释义云:"兽也,似兔青色而大,象形,头与兔同,足与鹿同。"既然足与鹿同,那当然也与麤同了。㲋麤鹿三兽同科的理由在此得到很好的说明。

其实,不仅仅汉语汉字中保留着种种猪鹿同科的原始分类的迹象,西文中也不乏这方面类似的例子。比如英文中就有指猪的 pig 与指鹿的 deer 两词合成的词 pigdeer,意为亚洲野猪。若仅从字面上看,这个词倒是

---

① 王筠:《说文释例》卷十八,世界书局1983年版,第843—844页。

和古汉语中的"豖鹿"完全对应了。

三、无"豕"不成"家"

以圈养方式饲育家猪,很可能是我国先民在四大发明以前最早的又一发明。对此,史书中虽无明文记载,象形的汉字却提供出宝贵的证据,让人不由得不相信。一个"家"字,分明取象于房舍下有豕,是对野生之猪实行家养的历史写照。

古往今来,人们在面对这个字的解说时总不免显出某种茫然。家的概念明明指人之家,为什么不用舍内有人的表象,却偏偏要用舍内有猪呢?距今6000年的西安半坡新石器时代遗址的发现,为解答这个难题提供了实物证据:半坡人居住的圆形屋中便有一部分空间作为猪舍。这是定居农耕民族饲养家猪的先进经验模式。家宅中的猪舍本可以兼用作人排泄粪便之处,这便是与"家"字的取象十分近似的"圂"字的语义基础。早在甲骨文中就有了这个"圂"字,古书中或解为厕所,或解为猪圈,实际上这两义本是相通的。由于历史的发展,人类居住条件的改善,猪圈兼厕所从家内移到家外,久而久之,"家"字的取象之源被人淡忘,这个字的造字本相就变得难以理解了。

"家"字所从之"豕",在甲骨文和金文中常填笔写作"豕",这无异于标示出公猪之势,略相当于后世之"豭"。许慎《说文解字》释"家"字云:"家,尻(居)也。从豭省声。"这个解释认为"家"字的发音来源于指代公猪的"豭"字。当初的造字祖先为何偏要选中公猪来会意表达"家"呢?古希腊的牧猪奴不是只把传种的母猪赶进栏内睡觉吗?有学者解释说,在父系家族公社中,成员们"同居共财"。体格健壮的豭用作种猪,本身也是一种重要财富,将其单独喂养于家中,是富有的象征。高式武先生说:

> 据研究,"家"字字义是指人居,字从"豕",所以示其畜豕,亦所以示其富有。斯时有"富有","食肉","畜猪"而称"家",和"非富有","不食肉","不畜猪"的分别。反映了殷代及其以前

相当长的一个历史时期,人们早已把畜猪当作占有财富的重要标志了。①

按照这一看法,没有一定的财富就不成其为"家",而没有猪就谈不上财富,所以"无豕不成家"之说反映的是家庭经济方面的物质基础。另一种可能的解说是:雄兽因性暴烈难驯,比雌兽更需严加看管调教。非如此则不足以改变其野性。因而除了采用阉割去势使其柔弱化以外,限制活动范围也是有效的驯化方式。从做桎梏和系绳索到设栏造牢,甚至发展为人猪同舍的居处方式,饲猪者发现这不仅使雄畜大大地温顺起来,而且膘肥体壮,最适宜用来祭祀和食用。(图40)

还有人从人与猪在基本生存方式上的相似处着眼,来解释"家"从"豕"的理由。如梁实秋先生写道:"仓颉造字,天雨粟,鬼夜哭,虽是神话,也颇有一点意思。'家'字是屋子底下一口猪。屋子底下一个人,岂不简捷了当?难道猪才是家里主要的一员?有人说豕居引申为人居,有人引曲礼'问庶人之富数畜以对'之义以为豕是主要的家畜。我养过几年猪之后,顿有所悟。猪在圈里的工作,主要的是'吃、喝、拉、撒、睡',此外便没有什么。圈里是脏的,顶好的卫生设备也会弄得一塌糊涂。吃了睡,睡了吃,毫无顾忌,便当无比。这不活像一个家么?在什么地方'吃喝拉撒睡'比在家里更方便?人在家里的生活比在什么地方更像一只猪?"②如此立论主要来自生活经验的类推和联想,可以说是一种"悟"出来的个人性的东西。在逻辑上欠推敲,其说服力也就难免要打些折扣。

古文字学家中有一种意见,认为不应从后代的世俗意义上去看"家"字的起源,而应采取历史还原的视角,透视出家畜在上古宗教生活中的作用。陈梦家先生指出:

---

① 高式武:《我国猪的起源和驯化》,见张仲葛、朱先煌主编:《中国畜牧史料集》,科学出版社1986年版,第178页。
② 王嘉陵、张育人、罗洁编著:《精美散文(幽默·杂趣卷)》,长江文艺出版社1995年版,第11页。

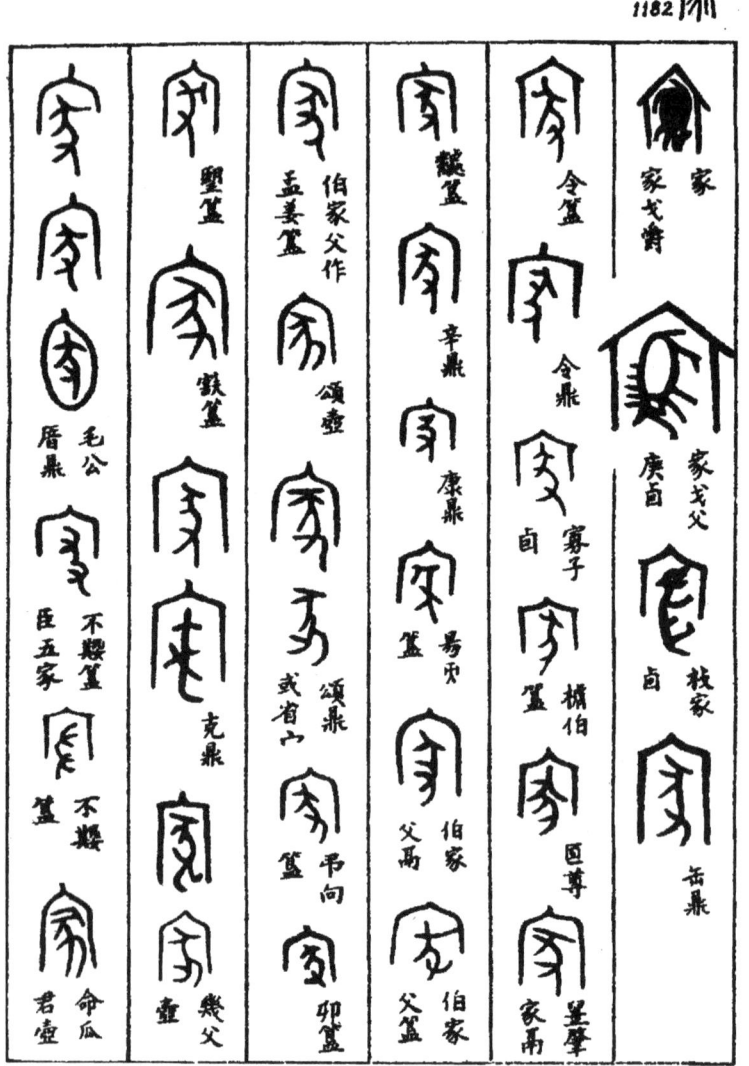

图40 室内有猪：金文中的"家"字
（选自容庚编著：《金文编》，中华书局，1985）

《尔雅·释宫》："牖户之间谓之扆，其内谓之家。"家指门以内之居室。卜辞"某某家"当指先王庙中正室以内。[①]

---

① 陈梦家：《殷墟卜辞综述》，科学出版社1956年版，第471页。

唐兰先生认为早在新石器时代的陶文中就可辨认出"家"字了,如"莒县陵阳河和诸城前寨大汶口文化陶器上发现的四个字,就其结构与甲骨文的家字一样"。① 王明阁先生还结合大汶口墓葬中随葬猪头的情况,认为"家"在卜辞中亦为祭祀祖先的宗庙。

孤立起来看,"家"为宗庙说不免让今人感到疑惑;但是若把该字同其他具有类似构造的字联系起来考察,其说服力就大大增强了。例如从屋下有牛会意的"牢"字,还有从屋下有羊会意的"宰"字。后者今天已看不到,唯独保留在商代甲骨刻辞中。这里的"牢"和"宰"都毫无疑问指宗庙祭祀用牲而言。董作宾先生认为:"宰义同牢,用法有别。疑即牛为太牢,羊为少牢之义。少牢即小牢,太牢即大牢也。"②这一看法与《大戴礼记》中"牛曰大牢,羊曰小牢"的记载相吻合。后代祭礼凡称牢则不只用一种牺牲。《周礼·大行人》"礼九牢"句注云:"三牲备为一牢。"三牲指的是牛、羊、猪,三者齐备方可称牢。相比之下,"家"大概仅指用猪一种牺牲的祭祀场合吧。某些地区的信仰民俗中有以猪为家神的情形,很可能是古代祭猪礼俗的演化发展。

由于古代祭礼本相的遗失,"宰"字被后人废弃不用,"牢"字转指豢养牲口的畜栏、关押罪犯的监牢,"家"字也就成了家庭、家室、家屋、家族、家乡、家国的专用词素,它与猪的原始联系终于埋没无闻。有人从古书中寻觅旁证,对"家"做如下解说:古人喜欢养猪,可从当时一些部落名称上得到验证。如3000年前有个部落叫"豕韦"(在今河南省滑县东南),西周时有个部落叫"彘"(在今山西省霍州市)。可见,部落可取猪之名,造字者把家和猪联系起来,也就不足为奇。然而,《新笑林广记》还是对"家"的所以然提出具有代表性的疑问:

说"家"字是指事字,不一定每家都有猪;说它是形声字,却没有声旁;如果是会意字,那么,家里东西很多,为什么一定要用

---

① 唐兰:《再论大汶口文化的社会性质和大汶口陶器文字》,载1978年2月23日《光明日报》。
② 转引自李孝定编述:《甲骨文字集释》第二,第313页。

猪会意?

这位多疑的作者还斗胆建议,把"家"写成"闵",理由是:"一门之内,众人居焉。"这可真是一厢情愿之举。文化变迁的历史轨迹在这样的改动之后恐怕就要永久湮没无闻了。

鉴于文化传统的巨大惯性力量,养猪在农畜并重的华夏文明中历经数千载的历程,对于许多地区的普通农民家庭来说已经成为天经地义的事情。"无豕不成家"的古训也自然可以衍化出全新的理解。以下便是梁实秋先生从他在农村中的生活见闻中提取的一个很有说服力的例子:"我在乡间居住的时候,女佣不断地要求养猪,她常年吃素,并不希冀吃肉,更不希冀赚钱,她只是觉得家里没有几只猪儿便不像是个家。虽然有了猫狗和孩子还是不够。我终于买了两只小猪。她立刻眉开眼笑,于抚抱之余给了小猪我所梦想不到的一个字的评语曰:'乖!'孟子曰:'食而弗爱,豕交之也;爱而不敬,兽畜之也。'我看我们的女佣在喂猪的时候是兼爱敬而有之的。"[①]读到这段文字的人,也许再也不会怀疑"无豕不成家"在中国文化中的充分意义了。(图41)

---

① 王嘉陵、张育人、罗洁编著:《精美散文(幽默·杂趣卷)》,长江文艺出版社1995年版,第10页。

图41 清代漳州三裁彩图:人猪同"家"

(选自王树村编著:《中国民间年画史图录》,上海人民美术出版社,1991)

第六章　饮食文化中的猪

一、食猪大国与猪宴之邦

本书第二章中已经讲到,人类对猪的驯化,其目的与畜养牛、羊、马、狗等都有所不同。简单地说,养猪主要就为了吃肉。家猪的出现,对于改变人们的食物结构产生了非常重要的影响。可以这样说,人类在结束狩猎和采集生活以来,近万年间所食用的动物之肉多半都是家猪所提供的。

在我国多数民族的历史上,生猪饲养从来都是城乡人民主要的肉类食物来源。农耕文化虽然以种植农作物为基本食物,也曾出现过"肉食者鄙"的说法,但是源远流长的养猪传统还是发展出了世界上首屈一指的食猪大国。无论是生猪饲养的数量,还是猪肉品种的丰富多样,我国都可居全球之冠。"猪全身都是宝"之类的意识在我们国家早已尽人皆知。(图42)

不过,从比较文化的角度看,中国似乎还不能算最喜爱猪的国度。现代人类学家报道了另一处令人惊奇的猪宴之邦:"世界上热爱猪类的地区,集中在新几内亚和南太平洋美拉尼西亚诸岛。在该地区,那些以村庄为单位,靠种植为生的部落,把猪视为圣物,专门用作祭奉祖先,或把猪视为重大日子如婚礼、葬礼的美味佳肴。在许多部落中,在开战或停战前,必须先宰杀生猪。村民们坚信,久离人世的祖先对猪十分偏爱。由此,不管是活着的村民还是长眠的故人,其喜食猪肉的程度都达到了惊人的地步。人们不厌其烦地频频举行盛大宴会;转瞬之间,几乎全部的猪都被吞光食尽。连续多日,村民和客人们狼吞虎咽地享受猪肉;当肠胃无法容纳时,他们便大口呕吐,以便腾出地方再继续吞食。待宴会结束时,部落里的生猪已所剩无几,要想恢复原来生猪的数量,尚需数年辛勤细心的饲养。然而,还未待生猪的头数恢复过来,新的一轮狼吞虎咽的活动又开始了。这种浪费败家的行为,就是这样周而复始地进行着。"①

如此热闹的猪宴盛典,以及当地人民对猪既崇敬又贪食的情景,确实足以让我们这个食猪大国的子民也要叹为观止了。人们不禁会问:在这种全民盛典式的猪宴背后,潜藏着怎样的观念和动机呢?对猪的崇敬之情如何同大吃特吃猪肉的行为并行不悖呢?

文化生态学家拉帕波特对新几内亚的策姆巴加人(Tsembaga)村落中猪宴仪式的分析,对我们理解上述问题很有帮助。他从文化与环境间的相互作用着眼,认为策姆巴加人养猪的原因有一定的特殊性。那里是初级的农业社会,村民们在自家园地中种植块根植物和蔬菜是主

图42 "养猪"邮票,1960年发行

---

① 马文·哈里斯:《母牛·猪·战争·妖巫——人类文化之谜》,王艺、李红雨译,上海译文出版社1990年版,第30—31页。

要维生手段。养猪不光为吃肉。一年当中除了举行猪宴的场合外,是不可以杀猪食肉的。猪在该文化中的功能相当于翻土机,它们用鼻子在园地里拱土、寻找块根,从而为种植做准备。人、猪、块根植物构成当地农业生态系统的三位一体之平衡。策姆巴加人之所以定期举行一年一度的猪宴盛典,主要在于周期性地调控猪与人之间的数量均衡,避免猪群繁育太快太多,没有足够的块根植物来喂养,出现人与猪争食的不利局面。

和一般的宗教学家和民俗学家不同,拉帕波特从策姆巴加人的自然环境来透视其文化特征。猪宴作为宗教性的礼仪活动,其外在的表面功能在于祭拜祖先,其内在的功能则在于调节社会和食物供应之间的关系,从而维护该地区生态系统的平衡。即便是当事的策姆巴加人自己,也只知道猪宴的表面功能,对其潜在的生态作用并无自觉的意识。这就更显示出文化生态学视野的理性透析力度。

拉帕波特的这一次调研是在20世纪60年代完成的,其结论对后来的人类学家有重要启示作用。按照同样的思路,有学者又提出为什么某些地区不吃猪肉的老问题,并从生态方面找到合理的解释线索。

二、猪肉禁忌的所以然

考察世界各地的饮食习惯之差异,长期以来令人们困惑的一个难题是:猪尽管具有低耗高效的产肉机器之美称,在一些民族中成为最主要的肉类食物,但并不是在所有的文化中都是得到推崇的肉食来源。甚至在某些地区还出现了严格的猪肉禁忌:或者是将猪视为不洁净的、不吉利的动物,禁止人们饲养和食用;或者把猪看成魔鬼的化身,罪恶的源头,不仅不能食用,连看和想都会导致极度的厌恶。

最有代表性的例子出自犹太教的经典《圣经·旧约》。该书《利未记》第11章记载着世上最早成文的禁食猪肉的戒律之一:

神对摩西和亚伦说:"你们要告诉以色列人:地上的动物,你们只可以吃分蹄和反刍的;别的都不可以吃,例如:虽然反刍,却不分蹄的骆驼、沙蕃和兔子;虽然分蹄,却不反刍的猪。这些动物,你们都不可以吃,也不可以摸它们的尸体,因为它们是不洁的。①

《圣经》不但规定了禁食的对象,还说出了禁食的理由是"不洁"。同书下文中又补充说道:

> 分蹄而无趾,或是不反刍的动物,也不洁净。谁触摸了它们,都会成为不洁。所有用掌行走的四足动物,也不可以吃。谁触摸了它们的尸体,都会成为不洁,到日落后才算洁净。他们必须立刻洗净衣服。②

今天的读者也许会发问:动物的洁净与否怎能根据分蹄或反刍这样的生理特征来做判断呢?牛和羊既分蹄又反刍,便是洁净的。猪只分蹄却不反刍,就是不洁的。这从逻辑上说得通吗?

据说历史上率先对拒食猪肉做出自然解释的人,应该是 12 世纪在埃及宫廷做御医的摩西·麦蒙奈兹。他宣称,上帝为保障公众健康,有意全面禁食猪肉,因为猪肉对人体有很大危害。至于究竟是何种危害,怎样发生危害,麦蒙奈兹均语焉不详。只因他既是御医又兼犹太教教士的双重身份,一般老百姓对他所说确信不疑。

然而,医学的进展并不能证明猪对人体有害的说法。有一些看起来并不比猪干净的动物也没有危害食其肉者的健康。在当今时代,《圣经》中的古老戒律已不再同往昔一样具有充足的说服力。人类学家马文·哈里斯就此质疑道:"人们惯常把猪视为肮脏的动物,其厌恶程度远远超过了其他动物。因为猪平时专好在自己的尿水里翻来滚去,而且常常吞食粪便。然而,将躯体外表的肮脏与宗教上的厌恶联系起来,却是毫无道理的。那些圈养的母牛,亦常在自己的尿水和粪便上践踏徘徊。一头饥饿难忍的

---

① 《当代圣经》,中国圣经出版社 1979 年版,第 192 页。
② 《当代圣经》,中国圣经出版社 1979 年版,第 192 页。

母牛,也会津津有味地吞食人类粪便,狗犬与鸡禽亦是如此,但却从未有人提出非议。"①应当说,这一反驳是相当有力的。既然禁食猪肉的原因并不在于洁净与否,那就一定还有另外的不为人知的原因吧。

考察世界各地现存的原始民族的食物禁忌,人类学家还注意到这样一种现象:某些民族禁食某种动物的肉,是怕该种动物的不良习性转移到吃肉的人身上来。例如婆罗洲西北部的达雅克人中,青年男子和武士都不吃鹿肉,他们担心鹿肉会使他们像鹿一样怯懦;但是妇女和老人则不受此限制。纳马夸人不吃兔肉,也是害怕变得像兔子一样胆小。"厄瓜多尔的扎巴罗印第安人(除了不得已而外)在大多数情况下决不吃笨重的貘和野猪的肉,只吃鸟、猴、鹿、鱼等等,他们辩解说主要是因为吃了笨肉,他们会像供给他们肉食的动物一样,变成笨手笨脚,妨碍他们的灵敏,使他们不适于打猎,同样,巴西的一些印第安人不吃跑得慢、飞得慢或游得慢的兽、鸟或鱼类,唯恐吃了它们的肉,就失去敏捷能力,到紧要时刻不能逃脱他们的敌人。加勒比人不吃猪肉,怕吃了猪肉会使他们长出猪一样的小眼睛"②。这类食肉禁忌显然起源于原始人的巫术思维,认为人与动物之间具有感应关系。中国民间讲的吃肝补肝、吃脑补脑一类食补理论,大致与此同类。唯其如此,在西方人的食谱中根本找不到踪影的猪肝、猪脑乃至狗宝、牛鞭一类,才会在中国人的餐桌上大行其道,被公认是有大补效果的营养品。原来同样的交感巫术信念,在某些原始民族中从坏的方面理解,导致食肉禁忌;而在中国却从好的方面去理解,派生出食疗食补的文化奇观。

在过去的几千年文明史上,由于我族中心的思维定向和唯我独尊的民族偏见,人们对与自己民族不同的异族饮食习惯总难免抱有歧视或蔑视的态度。不吃猪肉的民族认为吃猪肉的人是不洁的,其人格也难免低下。大吃猪肉的民族反过来也会对奉行猪肉禁忌的信徒们有所不满,认为他们机械、古板,有口福不会享。还要炮制出"酒肉穿肠过,佛祖心中留"一类的

---

① 马文·哈里斯:《母牛·猪·战争·妖巫——人类文化之谜》,王艺、李红雨译,上海译文出版社1990年版,第31页。
② 詹·乔·弗雷泽:《金枝》,徐育新、汪培基、张泽石译,中国民间文艺出版社1987年版,第712页。

理论口号,鼓励放弃食物戒律的尝试。至于禁食猪肉的所以然,则依然不甚明了。美国人类学家哈里斯和拉帕波特一样,沿着环境与文化的作用关系去寻找宗教禁条背后的生态方面的因素,果然对问题有了新的认识。

哈里斯发现,猪肉禁忌的产生,大多是在游牧民族之中,尤其是亚洲西部的某些游牧民族。农业民族中则较为少见。他认为这一现象不能从宗教方面去解释,比宗教更深层的原因在于文化生态方面。哈里斯引用另一位名叫埃里克·罗斯的人类学家对印第安人食肉禁忌的解说原则:

> 某一家畜的生态地位和作用并不是一成不变的,而是一动态过程的一部分。当养某种家畜对社会已弊大于利时,文化就会用宗教迷信方式禁止食用这种家畜的肉。如果某种动物又多又容易养,吃它们的肉也不会危害其他的谋生方式,那么这种动物就很少成为迷信禁忌的目标。……当某一具有营养价值的动物不仅饲养成本日益昂贵,而且继续饲养下去会危及既存的谋生方式,那么就会用最严格的手段来限制其存在。猪就是这样的动物。①

哈里斯对产生了《圣经·旧约》的古代犹太民族的生存状况进行考察,确认那是一个种植与放牧混杂一体的生活模式。由于当地资源的有限和人口的激增,禁食猪肉的教规无疑成为一个合乎情理的对付生态环境的战略。猪的存在本身变成了对该地区人的存在的一种威胁。

何以见得呢?

哈里斯举出的第一个理由直接涉及《圣经》中的动物分类原则:游牧民族的生活地区都是些没有森林的平原和山地。这些地区干旱缺雨,土地也不易灌溉。适合于这一地区饲养的动物仅限于反刍动物,如牛、绵羊和山羊等。反刍动物的胃的前部附有囊袋,因此它们可以比其他动物更适应于消化那些主要由纤维质构成的食物,如草类和树叶等。而猪却主要依赖于树林与绿草成茵的河畔。尽管猪以吃杂物为主,但是要想增加猪的体

---

① 马文·哈里斯:《文化的起源》,黄晴译,华夏出版社1988年版,第125页。

重,就必须喂以纤维质含量低的饲料——如坚果、果实、块茎植物,特别是粮食。这样一来,猪就成了人类的直接竞争者。猪单纯依靠草类是无法存活的。事实上世界上真正的游牧民族很少饲养生猪。猪还有其不利之处,滴奶不产而且难以进行远距离的放牧。

第二个主要理由是,从热力学的角度看,猪完全不适于约旦盆地的内盖夫地区,以及《圣经》中所提到的地区的炎热干旱气候。猪体内温度调节系统远比牛、山羊和绵羊逊色。人们常说,"像猪一样,大汗淋漓",然而最近的科学实验表明,猪根本就不会出汗。人类是哺乳动物中最易出汗的生物。一般来说,人类平均每小时从身体表面每平方米的地方要蒸发1000克体液,借此达到降温的目的。而猪每平方米最多只能蒸发30克。甚至绵羊的蒸发量都是猪的两倍。绵羊还有自己的独到之处,厚实雪白的羊毛既可反射太阳光线,又可以在体外温度超过体内温度时,起到隔热的作用。根据英国剑桥动物生理研究所的L. E.蒙特先生的研究表明,成年的生猪在烈日下,气温超过华氏98度时就会死亡。在约旦盆地,每年夏季的温度都在华氏110度,并且那里一年四季,阳光炽烈。猪为了弥补没有保护性体毛和无法出汗的缺陷,不得不借助于外界的潮湿物质。猪一般喜欢在干净清新的水坑打滚戏耍,在迫不得已的情况下,它只得在自己的尿水和粪便里翻来滚去。在华氏84度以下时,生活在圈内的猪通常会把自己的尿水和粪便排泄在其睡觉和吃食之外的地方,但一旦温度升至华氏84度以上,它们便会在自己的圈内胡来蛮干了。于是乎,温度越高,它们就变得越发"肮脏"。所以说,宗教上认为猪是肮脏牲畜的观念,主要是因为其外在习性给人留下了不爱干净的强烈印象。但是,哈里斯辩解说,我们不该忘记,猪的本性并非真的就肮脏不堪;正是由于中东炎热干旱的气候,迫使猪尽可能地利用自己的排泄物来达到降温的效果。① 换句话说,猪为了在艰苦的条件下活命不得不牺牲其外表上的整洁。浑身污脏的表象背后是求生的本能。

---

① 马文·哈里斯:《母牛·猪·战争·妖巫——人类文化之谜》,王艺、李红雨译,上海译文出版社1990年版,第37—40页。

三、食物禁规的哲学思考

从以上两方面的理由看,我们与其说是古代犹太教不让人们养猪,不如说是中东地区的生态环境和游牧民族的生存竞争迫使他们不得不放弃家猪这种高成本的家畜。考古学家在巴勒斯坦、叙利亚、伊拉克等地的新石器时代村落遗址中发现,家猪残骸的出现时间与绵羊和山羊残骸出现的时间相差无几。这就意味着,并非犹太人天生就不吃猪肉,而是进入文明以后的某些民族面对有限的资源和膨胀的人口,在某些地区被迫中止了养猪、食猪的古老传统。

正像猪为了在炎热不堪的环境中生存而被迫放弃爱干净的习性,人为了在某些艰难的环境中求得起码的温饱也不得不放弃作为奢侈品的猪。

这种从文化与环境的相互作用着眼解释宗教现象的尝试,对于20世纪初的人类学理论来说,显然是一种新的超越。当年由弗雷泽为代表的古典进化论的理论家们坚信,不吃某种动物的根本原因只能从宗教信仰方面去寻找。《金枝》一书便有这样的话:

> 犹太人对猪的态度和异教的叙利亚人对猪的态度一样含混不清。希腊人弄不清犹太人是崇拜猪还是厌恶猪。一方面,他们可以不吃猪肉,但另一方面,他们可以不杀它。前一条表明猪不干净,后一条就更明显地说明猪是神圣的。两条规矩都可以用猪是神圣的这种推测来说明。

弗雷泽由此做出判断,至少在最初的时候,以色列人是尊敬猪,不是厌恶猪。他接下来写出一个大胆的推论:"总的看来,我们也许可以这样说,一切所谓不清洁的动物原先都是神圣的"[①]。然而这一说法不能完全说服

[①] 詹·乔·弗雷泽:《金枝》,徐育新、汪培基、张泽石译,中国民间文艺出版社1987年版,第683页。

人,因为某些具有神圣性的图腾动物也是可以食用的。

对于食物禁忌的产生,英国人类学家利奇提出过一个较为细致的三分法模式。他认为,文化的区别使自然界的可食之物,往往被纳入三个主要的范畴:

(1)可食之物被视为食物,并成为日常进食的组成部分。

(2)可食之物被认作可能的食物,但却被禁止食用,或者只能在特定(仪式的)场合下才可食用。这些食物都是有意识地被禁止的。

(3)可食之物虽然可以食用,但却文化地或语言地视为完全不可食用的。这些食物都是无意识地禁止的。①

利奇按照这三类情况的划分去衡量有关禁食的争议,发现就一般方式而言,人类学家只考虑到以上所说的第二种范畴。在他们的脑海中,这方面的例证就是犹太教禁止吃猪肉,婆罗门教禁止吃牛肉,基督教教徒对圣餐的态度等。但是他所说的第三种范畴,却没有被作为食物而受到同等的重视。在这两种情况下,禁忌的性质是相当明显的。犹太人禁止吃猪肉是仪式性的明确规定。也就是说,实际中的"猪肉是一种食物,但犹太人绝不吃它"。英国人禁止吃狗肉也是很严格的,但却基于不同的前提。其所依据的范畴是"狗不是食物",本没有吃的可能性。

既承认猪肉是一种食物,又规定这种食物不能吃,犹太教的这一禁规虽然不像其礼拜日制度那样成为世界性的"公历",但对于整个人类的饮食结构也还是产生了重要而深远的影响。在我国历史上,养猪吃肉虽然好像是天经地义的事,但人为地或有意识地加以禁止的现象,也间或发生。如梁武帝因为笃信佛教而下诏"断肉",以体现慈悲为怀和不杀生的宗教精神。又如宋太祖不吃猪肉,原因有如弗雷泽所说的奉猪为神圣之物。据

---

① E. H. 利奇:《语言的人类学:动物范畴和骂人话》,见史宗主编:《20世纪西方宗教人类学文选》,金泽、宋立道、徐大建等译,上海三联书店1995年版,第338页。

宋人陈师道《后山谈丛》记述：

> 御厨不登彘肉。太祖尝畜两彘，谓之神猪。熙宁初罢之。后有妖人登大庆殿，据鸱尾，既获，索彘血不得。始悟祖意，使复畜之，盖彘血解妖术云。

由于神猪可以镇妖除怪，宋太祖亲自在宫中养了两头猪。到了宋朝第六位皇帝神宗熙宁年间，停止养神猪，结果出现妖人闹宫的事件，只得又恢复太祖开创的饲养神猪之俗。据知情者分析，宋太祖之所以敬猪如神，因为他生于丁亥年，自己就是属猪的。

无独有偶。明代有位皇帝生于辛亥之年，也属猪，偏巧又姓朱，名叫朱厚照。为了让人避讳，他竟然要杀光国内所有的猪，给后人留下千古笑柄。据《武宗实录》所云："正德十四年（1519年）十二月乙卯，上至仪真。时上巡幸所至，禁民间畜猪，远近宰杀殆尽。田家有产者，悉投诸水。是岁，仪真丁祀，有司以羊代之。"

对照之下，中国帝王们不论出于何种原因禁止养猪，都好像抽刀断水水更流，终未能阻止这个食猪大国的养猪、食猪的传统。而犹太人则借助于宗教的约束力，成功地在全民范围内杜绝了猪这种家畜的踪迹。如哈里斯所说："诱惑力越大，就越有必要采用宗教禁令的办法。一般来说，人们都会同意这种看法，即上述这种辩证关系足以说明，上帝为何热衷于与性诱惑诸如乱伦与通奸做斗争。这里我不过是把这种关系运用到具有诱惑力的食物之上。中东地区根本不适于饲养生猪，但是猪肉却一直是人们津津乐道的美味。单凭自身的力量，人们是很难抵御这种诱惑。……小规模饲养生猪只会增强对人们的诱惑力。最好的办法莫过于全面禁食猪肉，使人们专心一意饲养山羊、绵羊和牛。"[①] 按照哈里斯的解说，某些民族成功地奉行猪肉禁忌，还有印度人的牛肉禁忌乃至素食主义，表面上看是道德

---

① 马文·哈里斯：《母牛·猪·战争·妖巫——人类文化之谜》，王艺、李红雨译，上海译文出版社1990年版，第41页。

战胜食欲的例子,是精神对物质的胜利,实质上却是人的生殖力对生产力的胜利。我们是否可以补充说:这也是环境资源的有限性对人的欲望无限性的一种质疑和局部的纠正?

果真如此的话,中国朱姓皇帝们禁猪的失败就在于他们无视猪、人与自然三者之间在中国农业社会的历史上所形成的相互依存关系,违背了适者生存的生态法则;犹太人禁猪的成功则可以看作生态法则在地球上的局部地区调节人的生产生活方式的有力证明。

这样理解之后,人们关于猪的种种争议,反刍与否和是不是偶蹄,对人体有害还是有益,究竟是不是本性肮脏,等等,似乎都变得不那么重要了。因为猪已成为我们考察人与自然关系的一个媒介,食猪与否关系到人性的可能与限度的哲学问题。

四、猪肉美食不厌精

作为世界的第一号食猪大国,中国人肉食中猪肉所占的比重有多少呢?下面两个统计数字能够说明问题。1985年,全国猪肉产量为1654.7万吨,同年的牛肉产量为46.7万吨,羊肉产量为59.3万吨。猪肉的产量是牛肉和羊肉产量之和的近16倍,是牛肉产量的35倍多。1991年,全国生猪出栏头数为32 897万头,而同年的牛羊出栏头数分别是1304万头和9816万头。生猪的数量约为牛和羊数量总和的3倍。[①] 透过这些数字,可以反过来设想一下:如果没有了家猪,中国人的餐桌上又会是怎样一种景象?(图43)

说到中国的饮食文化,人们常常引用孔子的一句话来作为精神的代表。那就是"脍不厌细,食不厌精"。这样一种精益求精的执着而细致的追求,对于已有数千年历史的食猪传统来说,又意味着什么呢?台湾人类学家李亦园先生讲到美国人与中国人的饮食偏好,说过这样的话:

---

① 数据来源:张志义主编《中外食品发展概况统计》,中国物资出版社1995年版,第312页。

图 43　猪的全家福

美国人爱吃牛肉,以牛肉为最好的肉,所以牛排价钱总比猪排贵,这是人尽皆知的事。中国人的日常肉类以猪肉为最,比起美国人喜爱猪肉也是很明显的,所以我的朋友沈君山博士前些时候宁舍牛肉而不能无猪肉,也表现了中国文化的精神。[①]

喜好猪肉既然可以在某种程度上代表中国文化的精神,那么浏览一下国人在猪肉烹制方面"食不厌精"的五花八门讲究,以及千变万化的特别吃法,也许能有助于理解为何这一文化中产生出了"亥日人君""乌将军""黑相公"等一系列对猪的美称。

从对猪肉美食的喜爱上看,中国人食用"亥日人君"的程度可以说是既完全又彻底:汉语中的"彻头彻尾"这个成语用于此处显得恰如其分,毫不夸张。因为从猪头到猪脚和猪尾,从皮肉到内脏,乃至口条、耳朵、脑髓、猪血和大肠,几乎没有不能吃的部位,也几乎所有部位都能做成美味佳肴。或许世界上很少有其他动物能像中国人的"黑相公"这样,在餐桌上得到如此充分的利用。国外学者对于中国人口味上的这种开放性和广泛性常常感到惊讶。"在过去曾有不少人尝试把中国的贫穷看作是中国烹饪术的资本。秦衲(法国汉学家 J. Gernet,又译葛兰言——引者)说中国烹饪之富于创造性的原因乃是'营养不良、旱灾和饥荒',因为这些现象迫使中国

[①]　李亦园:《文化的图像——文化发展的人类学探讨》,(台北)允晨文化实业有限公司 1992 年版,第 163 页。

人'审慎地使用每一种可以食用的蔬菜和虫子以及动物的内脏'。"①张光直先生争辩说,以上看法也许是不错的,但贫穷和由之而来的对资源的彻底的搜寻,只能在烹饪的创造性上制造有利的条件,他们绝不能说是它的原因,不然全世界的贫穷民族不全就成为烹饪的伟人了么？中国人在这方面的创造性也许正是因为食物和饮食是中国生活方式里面的中心事物之一。

从"中心事物"的角度看作为中心肉类的猪肉,自然会有不同寻常的感受吧。从屠宰和厨师的职业眼光去看,一般所说的猪肉可分为猪身和脏腑下水两大部分。猪身又可划分为四种部位：头尾部（头、脑、舌、尾）；前腿部（颈、夹心、上脑、蹄、爪）；方肉部（硬肋、软肋、排骨、奶脯）；后腿部（坐臀、弹子肉、蹄、爪）。前腿肉瘦肉占60%；后腿肉瘦肉占70%；方肉是五花三层,瘦肉占40%。（图44）脏腑下水有肝、肚、腰、心、肠、肺、板油及花油、猪血等。

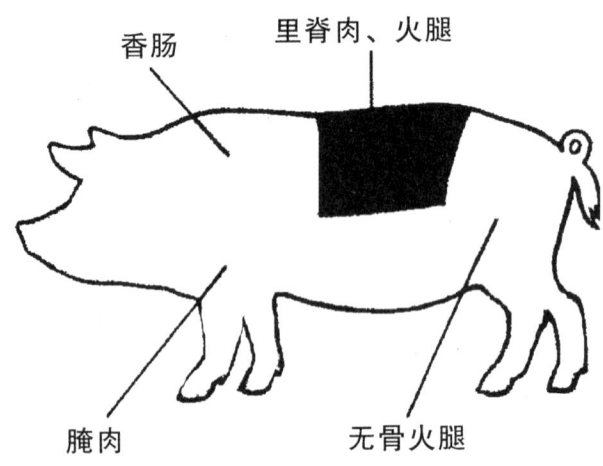

图44　猪肉的利用示意图

针对不同部位的性状和口感差异,我国的烹调实践总结出一系列区别对待的特殊制作方法。比如猪头,因其肉少而皮骨多,无筋络,膏汁多,适于烧、卤、腌、熬冻、煮汤等；猪耳朵,皮夹脆骨而无肉,适于卤、炒、盐水等；

---

① 张光直：《中国青铜时代》,生活·读书·新知三联书店1983年版,第226页。

猪舌头,美其名曰口条,因肉质坚实而无骨,适于炒、卤、腌、回锅、盐水等;猪脑,质嫩味鲜,适于氽、烩、熏、软炸等。

对猪身不同部位的肉也是如此。如颈肉无骨无筋络,肥瘦混合适于卤、酱、肉丸、肉馅等。前腿中有一块胸子肉,肉质较嫩,适于做肉丝、肉片、肉丁等。前蹄、前爪皮厚筋多,富含胶汁,适于烧、炖、卤、煲汤等。方肉部中的五花、肋条适于烧、蒸、走油、炼油、煨汤等;大排骨,适用于煎、炸、烧、烩等;小排骨,肉质脆嫩,适于烧、烤、蒸、汤、椒盐、糖醋等。后腿部有一外里脊,是猪身上最嫩的肉,和方肉部中的内里脊一样适用于炒、爆、溜及做假鸡丝、片等。其中臀尖,肉质细而嫩,适于片、丝、丁等。后蹄、后爪,适于烧、炖、煨、卤、盐水等。上乘的新鲜猪肉,要讲究瘦肉呈浅红色,膘白,肉质坚实而有弹性,表皮无黏性,刀切处呈湿润状。皮薄、膘厚、表皮光滑无皱纹,奶头小而硬,毛孔细,腿、耳、嘴均短是嫩猪,相反为老猪。

在选择猪下水方面的讲究是:猪肝,要色紫红,质坚实而柔软,胆汁丰满,无腥味者质优。猪肚,最好是色微黄带白而有光泽,质坚实而柔软,黏液多而无异味者。猪腰子,以色浅红,质坚韧,表面不湿润而正常者为优。猪心,以色浅红,质坚韧而能挤出血块者为佳。猪肠,宜选色微黄带白,黏液多,质坚韧而光滑无臭味者。猪肺,色白而微红,肺叶湿润,肺管内的血液,能随时向上冒出白沫者为佳品。至于板油、花油,以色洁白而湿润,不黏手而无气味者为佳。猪血,要色紫红,光而带燥性,无空眼而体轻,无气味者。

由于我国地广人多,地域性的饮食差别相当可观,历史上形成了所谓南甜北咸、东辣西酸的不同烹调风格,猪肉的加工技术也呈现出各显神通的多样化格局。具有十足地方风味特色的猪肉食品不胜枚举:像上海糟肉、走油四喜肉、哈尔滨风干口条、广式烤肉、天津五香猪肉干、鞍山枫叶肉干、四川腊肉、广式腊肉、靖江猪肉脯、沈阳大红肠、北京风干肠、湖南玫瑰蹄筋、金华火腿、浙江咸肉、湖南花肉、武汉果子肉、苏州酱汁肉、上海熟白肉、广州卤猪肉、浙江黄岩高粱肉、湖南坛子肉、广东化皮烧猪、镇江肴肉、扬州烧猪肉、杭式香肠、如皋香肠、太仓肉松、辽源龙山香肠、太原香肠、南京香肚、天津桃仁小肚、哈尔滨水晶肚等等,都深受各地人民的喜爱。其中有些品种早已名扬四海。

就拿其中的金华火腿来说,至少也有近千年的历史了。比当今世界头号强国的历史还要长几倍呢。相传大破金兵的宗泽于无意中发明了火腿的做法。因为他是浙江义乌人,其地位于金华之东,所以直到今日,凡火腿必称金华火腿。大江南北的美食家无人不知。据《东阳县志》(东阳靠近金华)记载:

> 熏蹄,俗谓火腿,其实烟熏,非火也。腌晒熏将如法者,果胜常品。以所腌之盐必台盐,所熏之烟必松烟,气香烈而善入,制之及时如法,故久而弥旨。

连腌肉所用的盐和熏肉时的烟都有如此特别的讲究,难怪金华火腿能够闻名遐迩,给食者留下深刻的印象呢。对烹调之道十分精通的梁实秋晚年到台湾,对那里因气候湿热而做不出上等火腿感到深深的遗憾。他回忆早年在上海、南京品味火腿的经历说:

> 我在上海时,每经大马路,辄至天福市得熟火腿四角钱,店员以利刃切成薄片,瘦肉鲜明似火,肥肉依稀透明,佐酒下饭为无上妙品。至今思之犹有余香。
>
> 一九二六年冬,某日吴梅先生宴东南大学同仁于南京北万全,予亦叨陪。席间上清蒸火腿一色,盛以高边大瓷盘,取火腿最精部分,切成半寸见方高寸许之小块,二三十块矗立于盘中,纯由醇酿花雕蒸制熟透,味之鲜美无与伦比。先生微酡,击案高歌,盛会难忘,于今已有半个世纪有余。①

一盘佳肴,能令餐者终生难忘。猪肉在中国烹调传统中所达到的艺术神韵,于此可见一斑。

---

① 梁实秋:《雅舍谈吃》,百花文艺出版社1992年版,第4页。

五、乳猪、全猪、东坡肉

全世界共有家猪品种大约300个。中国的猪种有近百个,占到了世界的三分之一,堪称猪种资源方面最丰富的国家。我国地方猪种根据体质、外形特征和来源,大致划分为六种类型:

1. 华北型,分布于秦岭和淮河以北地区。主要代表是民猪、淮猪和八眉猪。特点是耐寒冷,适应性强,下颌沉垂而多脂肪。

2. 华南型,分布在我国南部各地。以云南的滇南小耳猪、福建的槐猪、两广的小花猪为典型代表。主要特点是耐热和耐潮湿的适应性强,早肥易熟。

3. 华中型,以浙江的金华猪、湖南的宁乡猪以及两头乌猪为代表。主要特点是性成熟早,皮薄骨细,肉质好。

4. 江海型,分布于汉水和长江中下游地区,以及东南沿海一带。以太湖猪为代表。特点是在全国乃至世界猪种中繁育力最高、产仔数量最多。

5. 西南型,以四川的内江猪、荣昌猪和乌金猪为主要代表。主要特点是耐粗饲性强,饲料报酬率较高,对逆境的适应能力好。

6. 高原型,主要分布在青藏高原,以藏猪为主要代表。(图45)

猪的类型如此复杂,不同地域的猪种有一定的肉质差异,烹饪方式和口味习惯也不一样,遂形成各式各样富有特色的吃法。这里仅就知名度较高的烤乳猪、吃全猪和东坡肉三者略加介绍。

人类有意识地食用动物幼仔的行为,早在新石器时期就开始了。考古学家在伊拉克北部的原始村落遗址中发现大量羊骨,经测定,被宰杀的羊中有将近半数年龄在一岁以下。据推测,当地居民驯养这些羊,他们把公羊杀掉作为食物,把母羊留下来生仔。① 当成年公羊不够吃时,乳羊自然成为替代者。毫无疑问的是,任何人都会在动物的年龄同它们肉质的鲜嫩程度之间做出判断。乳猪就这样同乳羊一样成为嗜嫩者的首选肉食,登上了人的餐桌。在我国周代文献里列举常见的食用动物时,乳猪和猪已作为

---

① 参见威廉·A.哈维兰:《当代人类学》,王铭铭等译,上海人民出版社1987年版,第195页。

图45　漫画式的猪,民间剪纸中的猪

(选自苍彦、新民、玉秋编绘:《十二属相图谱》,中国文联出版公司,1987)

两类食物并列在一起了。

如此看来,今日的广东名产烧乳猪,亦称脆皮乳猪、烤猪,其来源之早几乎和我们的文明史同岁。烧乳猪的特点是色泽鲜艳,皮脆肉香,入口松化,在南方以及东南亚一带为广大消费者所喜爱。

乳猪的制作方法是选用5千克左右皮薄、身躯未满的小猪,最大不宜超过10千克。以珠江三角洲一带所产三短(嘴短、耳短、脚短)薄皮小猪最好。滇南小耳猪、海南猪、兰塘猪等也是适宜的品种。先做坯:将猪骨碎劈,切断猪手脚。后上料装腌:将香料粉炒过加入食盐拌和,涂于坯料的腹腔内,腌10分钟后,再在腹腔中按配料比加入白糖、干酱、南乳、蒜头、酒等,用长铁叉把猪从后腿穿至嘴角,最后用70度的热水烫皮,浇上麦芽糖溶液,挂至通风处吹干表皮。最后烧烤:烧烤有两种方法,一种是明炉烧法,另一种是挂炉烧法。前者费工较多但全猪烤得均匀,质量更优,是接待贵宾或节庆盛典上的佳品。

吃全猪也是一种由来极其古远的饮食习俗。换句话来说,全猪作为一种尊贵的食品,最初是奉献给神灵的供物。今日世俗性的吃全猪大宴,是从昔日的宗教祭祀大典脱胎演变而来的。好在某些少数民族的宗教礼俗活动中还保留着这种过渡的中介形态。比如侗族的吃全猪仪式,流行在贵州天柱、锦屏、剑河一带,主要宗教功能在于驱鬼治病。当村中某人患病或病危,人们便认为这是其灵魂被鬼勾引的结果,要用"吃全猪"的方法来保魂。其做法是:病家去买12斤猪肉,这12斤猪肉要包括猪的各个主要部位,从头到脚,从肠到肝俱全,因此叫"吃全猪"。如果买不全,则自己杀一头小猪充之。再请来12个身体强壮的男子当保爷,每人冠以一个官名。鬼师跳神驱鬼时,驱到某个关卡,就叫"这是天狗关,谁敢保"。12个保官中一人答道"我来保",然后他就吃一块肉。鬼师又叫道"这是六海关,谁来保",有保官答道"我来保",依此类推,12个保爷都叫完,赶鬼结束。人们认为,通过大家这样舍命相保以后,病人可望得救。在一般情况下,人们不肯轻易给别人当保爷,怕被鬼魂迷上。传说当保官能使人精神不振,食欲不佳,甚至会得病。

今日国人的宴席上常有一道叫作"东坡肉"的猪肉名菜。其来源和金华火腿一样古老。清代美食家、戏剧家李渔曾在其《闲情偶记》中对"东坡肉"之命名提出质疑,认为明明是猪肉所制,怎么能用人的名字呢?原来,"东坡肉"是宋代大文豪苏东坡被贬到黄州后,自饮自食所创制的一种烧猪肉的美味佳肴。《东坡诗话》说:

> 东坡喜嗜猪肉,在黄冈时,尝戏作《食猪肉》诗云:
> 黄州好猪肉,
> 价贱等粪土。
> 富者不肯吃,
> 贫者不解煮。
> 慢着火,
> 少着水,
> 待它自熟莫催它,
> 火候是时它自美。
> 每日起来打一碗,

饱得自家君莫管。

　　此是东坡以文滑稽耳。

　　从诗中透露的情况看,苏轼烧猪肉的诀窍是少放水,用小火慢慢地烧,烧出来的肉就糯软入味。开始时他不过是按照自己的口味自烧自吃,以后他宦游岭南和吴越,和朋友们在一起赋诗饮酒时,也常常自己烹烧宴客。由于肉味醇美,又是苏东坡所首创,这一名菜就在广东和江浙一带广为流传,并给它起一个雅号,叫作"东坡肉"。直到现在,别有风味的"东坡肉"仍然脍炙人口。其实,"东坡肉"的概念,不应限于红烧猪肉,还应当包括后代的烂蒸羊肉。因为苏轼同时把慢火烂煮的原理用于羊肉的烹制。[①]又因苏东坡曾被流放到海南,至今海南名菜中还有"东坡肘子"一品,作为款待外来客人的保留项目,同本地特产的"文昌鸡"和"加积鸭"齐名天下。

---

① 万建中:《饮食与中国文化》,江西高校出版社1994年版,第205页。

第七章　民俗文化中的猪

猪作为与人类生活密切相关的动物,在各民族的民间习俗、节庆和迷信观念中扮演着十分显赫的角色。首先了解一些西方民俗中的观念和事项,对于透视中国民间的猪文化习俗会有反观参照之效。

一、西方民俗中的猪

在古代欧洲,人们把凶猛危险的公野猪同大风暴、雷电联系在一起。公野猪对几乎所有印欧语系的民族来说都是神圣的,包括斯堪的纳维亚和凯尔特祖先。在印度开辟神话中大野猪的神圣功绩,前文已有涉及。今天,在有关普通猪的迷信中还残存着这种神圣的痕迹。较为常见的是猪与风的神秘关联。(图46)

据说猪能够看见或闻到风,如果猪嘴里衔着稻草到处跑,那就一定会刮大风。不久以前,当舞熊在英国还很常见的时候,舞熊产小熊据说对猪生小猪有不好的影响。在索塞克斯郡,当关在笼子里的狮子下崽时(据说狮子7年产一次),猪下崽也会受到不利的影响。

图 46　预兆大风的怪兽闻磷

(选自孙晓琴绘图,王红旗撰文:《新绘神异全图山海经》,昆仑出版社,1996)

  在苏格兰高地的一些地区,人们从前对吃猪肉有一种很深的偏见。现在人们仍普遍认为,一头猪横穿过婚礼队伍走的路是一种不祥之兆。在英国的许多沿海地区,渔夫直到今天仍然不使用"猪"这个字,不论是在海上还是在岸上。渔夫本人或他的亲属通常都用"那种东西"来指代猪。在去捕鱼的路上碰到一头猪是非常不吉利的,任何渔夫在遇见一头猪时也不会再去打渔。人们有时候向伐夫郡的水手说一句侮辱的话:"给你一个猪尾巴!"(不管怎样心怀恶意,任何渔民也不会这样说,因为他或她不敢说出这句被禁忌的话)把猪尾巴扔到船上会带来极大的不幸。有一次布克海汶地区,一个男孩恶作剧似地把一个猪尾巴扔进了一条正在出海的船上，船员们立刻就返回了，那天没有再出航。①

关于杀猪，西方人也有一些禁忌观念。比如：

  应该在月盈的日子里去杀猪，不然的话，猪肉会在锅里收缩，或者猪肉煮不成。在有些地方，人们因为同样的原因在礼拜天杀猪。怀孕妇女或者行经的妇女不能去摸正在加工的猪肉，如果摸了猪肉就会变坏。根据《旦哈姆传说》的记述，英国北部乡间的妇女们在杀过猪后制作黑布丁或者白布丁的时候，一边把布丁放进锅里，一边把每块布丁奉献给某个不在场的人。这样做同后来怎样处理布丁没有任何关系，目的是防止布丁在煮的时候胀破。

  在曼岛上，有一些关于仙猪的传说。这些仙猪常常出没于某些道路和桥头，有些是友善的，有些则是邪恶的。格兰法巴附近有一头仙猪，戴一顶很漂亮的红帽子，很明显是无害的。另一头仙猪叫阿克·索尼，碰到它是很幸运的。但是，常常出没在格林奈比桥上的大白公猪则更明显地表现出了它的神性，因为这是一头危险的猪，它有时候掳走那些不幸的凡人，把他们带过桥，穿过巴路尔附近的一个洞穴去往阴间。

  在汉普郡的安多佛地区，人们在除夕晚上能看见一头鬼猪。有趣的是，这头猪第一次是在一场大雷雨中出现的。在兰开郡的温威克和巴思利两个地区，教堂的地址是由一头魔猪的行为来决定的。建造这两所教堂的砖石工选好了合适的地点，但是那头猪却不同意。每天早晨，当砖石工来干活的时候，他们就发现那头魔猪已经把所有的石头和脚架都移到另一个地方去了。最后，他们认为违反魔猪的意愿是行不通的，就把教堂建在了现在的场址上。这两个教堂的墙上都刻有一头猪的小像，据说是为了纪念这

---

① 克里斯蒂娜·霍莉：《西方民俗传说辞典》，徐广联等译，黄山书社1990年版，第361—362页。引用时有改动。

些奇怪的事件。①

在法国等地,猪还会被人当作罪犯,押上法庭,进行审判。那些法官和陪审团成员要一本正经地根据法律程序,讯问证人,听取公诉,用各种手段逼迫那犯罪的畜牲"招供"。然后,法庭量罪裁决,分别处以有期徒刑或死刑。死刑的方式则有绞刑、火焚、断头与活埋等。

猪怎么会触犯人的法律而遭此厄运呢?莫非像那些无辜的羊一样,在仪礼上充当替罪的角色?从法国有影响的近20起"猪案"的情况看,猪通常被指控的罪行是杀死婴儿。原来,由西方放牧式的养猪传统派生出许多游猪,它们在乡间和城镇到处游荡觅食,偶尔也闯进不设防的人家,咬死睡在摇篮中的婴儿。这样的不幸事件当然需要追究凶手,犯罪的猪就被抓起来送到刑事监狱,同普通犯人一起关进牢房里。

1457年,法国巴黎的法庭审理了一起猪杀死5岁儿童的案件,当庭宣判猪的杀人罪名成立,处以绞刑。本案还涉及若干小猪,因其犯罪证据不足,法庭裁决免予刑罚,全部没收充公。1499年发生了一起类似案件,其法庭判决书还完好无损地保留至今。

至于1394年法国莫尔登地方法庭审理的一桩猪犯罪案件,就更加显得荒唐可笑了,其定罪理由是:"该猪不顾此日为星期五(斋戒日)竟然进食荤食。"这未免有点欲加之罪,何患无辞的味道了。

也许是中世纪流行的猪人同罪现象太平常了,人们反而司空见惯,不以为怪。巴黎郊区有一处地名就叫"被绞死的猪",足可以为那个已经逝去的猪人同罪同刑的时代提供语言化石的见证。

二、正月四日为猪

我国古代南方民俗中也有关于杀猪的忌日。较早见诸汉族古书的忌

---

① 克里斯蒂娜·霍莉:《西方民俗传说辞典》,徐广联、胡泓、陆道夫译,黄山书社1990年版,第362页。

日是正月四日。梁朝宗懔在《荆楚岁时记》一书中历述荆楚地方的年节习俗,有"正月七日为人日,以七种菜为羹"的记载。隋人杜公瞻注云:

> 按董勋《问礼俗》曰:"正月一日为鸡,二日为狗,三日为羊,四日为猪,五日为牛,六日为马,七日为人。正旦画鸡于门,七日帖人于帐。"今一日不杀鸡,二日不杀狗,三日不杀羊,四日不杀猪,五日不杀牛,六日不杀马,七日不行刑,亦此义也。①

从这段有趣的说明中可以看出,正月的前七天分别是鸡、狗、羊、猪、牛、马和人的特殊日子。之所以在这七天的某一天中不得杀死某种动物,是因为这一天对该种动物有纪念意义。根据新年礼俗往往同创世神话的内容相互对应的情况,笔者曾在这个记载背后发掘出以七日创造为展开顺序的已失传的古神话。在这个以造鸡为开端、造人为终结的开辟神话中,六种家畜分别充当着东南西北下上六合方位的象征。其中第四天所造之猪便同时象征着空间上的北方和时间上的冬季。后代新年礼俗中的初四日不杀猪,显然是对远古创世神话观的一种回应。这正像犹太教和基督教的信徒要遵守礼拜日的休息制,回应上帝六天创造、第七天休息的《创世记》神话模式。

值得注意的是,上述以鸡、狗、羊、猪、牛、马人为表层象征的宇宙空间发生模式,与对应十二支的属相动物的空间排列方式有着明显的差别。按照一日造鸡,二日造狗,……六日造马的程序,宇宙空间的展开以东、南、西、北、下、上为顺序。鸡代表东方,狗代表南方,羊代表西方,猪代表北方,牛象征下方大地,马象征上方天空。古人所驯化的六畜,组合起来构成一种象征体系,恰好充当了宇宙六合的具象符号。其空间方位的编码安排并非出于偶然,仅举出《周易·系辞》的天地拟象中"乾为马"和"坤为牛"两项,即可知矣。然而在属相十二辰配位系统中,鸡为酉,对应的是西方;鼠为子,对应北方;龙为辰,对应东方;马为午,对应南方。这是两种截然不同

---

① 宗懔:《荆楚岁时记》,岳麓书社1986年版,第9页。

的象征系统。究竟孰先孰后呢?

从先秦古书《墨子·迎敌祠》所记载的上古军礼的方位象征看,鸡犬羊猪对应东南西北的编码模式早在春秋时期就已存在,而十二属相之说当时还未见有著录。如果再往上溯,鸡犬羊猪对应东南西北的编码模式或出于殷商时处于中原地区之人对四方少数民族或部落的图腾化编码。换言之,当时的中原居民对西方姜羌之牧羊文化、南方苗蛮之犬图腾、北方广大的猪神崇拜地区都有极深刻的印象,这些动物也就分别成为指代四方的标记符号了。

流传于湖北孝感一带的民间故事《女娲造六畜》,可以看作上述创世神话模式的后代变体。所不同的是:补上了女娲大神作为造物主;略微改变了六畜先后被造的次序,把猪放到创世的第三天,把羊调换到第四天。又在第七天造人之后,加上第八天向土地爷献猪头的情节。下面就是这个故事:

传说女娲娘娘造万物时,先造六畜后造人。一开始,天是一团混沌,地是一堆泥巴,女娲娘娘掺水盘泥。她把泥巴摔来摔去,先摔出一双鸡子,鸡子一叫,天门开了,日月星辰齐出来。第二天,摔出一双狗子,狗子一跑,地门开了,有了东南西北四方。第三天,摔出一双猪子,猪是家中宝,无豕不成家,有猪便有了家。第四天摔出羊子,用羊子祭天神,天神才赐福气,吉祥如意。第五天、第六天又摔出牛和马。六畜做好了,没人管理。第七天女娲娘娘用泥巴和水捏成人,又吐唾沫又吹气,人就有了灵气,称为万物之灵。有了人和六畜,家业兴旺,第八天便要酬谢土地神,给土地爷敬献猪首。①(图47)

由于今日的湖北省就处在古代所称的荆楚地区,所以这个孝感故事同古时候流行于荆楚一带的创世说及新年礼俗还是大体上对应的,只是细部上稍有变异。我们再看一则摩梭人的创世故事(喇氏族的来源),差别就大多了:天神创造了天地万物以后,曾派兔子、老鼠、猪和虎到地上去造人。

---

① 宋虎搜集整理:《女娲造六畜》,转引自马昌仪:《论猪的文化品格——中国民间故事中的猪》,载《文化杂志》1996 年第 27—28 期。

图47　云南保山纸马：六畜兴旺（斑虎为当地护畜山神）
（选自王树村编：《中国民间年画史图录》，上海人民美术出版社，1991）

猪神是天界中的大力士，它嘴一拱，能掀掉三座大山，开出四个大海；耳一扇，能飞沙走石。但等到天神让它去造人时，它却领着情木（母猪）到北方去了。它说受不了这儿的熬煎生活，要去北方过安逸日子。天神很生气，从此，宣布猪只能供人宰杀吃食。同样，兔和鼠也没有完成造人的任务，造人的伟业由虎完成了，因此摩梭人认为虎是人的祖先。

这是一则讲述创世时人类起源的神话。其中出现的四种生肖动物作为天神的使者，面临着造人的重任。猪在此成了懒惰的逃兵，受神的惩罚，注定了被人宰杀吃食的宿命；唯有虎完成了造人重任，被奉为人的祖先。

汉族的属相有十二个，即由鼠到猪的十二种动物。基诺族的属相也是十二个，但不是动物，其来历与创世神话直接相关，是用创世女祖先阿嫫尧白创造事物的先后顺序来定名和排列的。这是一个保留母系社会传统的民族。相传老祖母神——

阿嫫尧白出世时，宇宙是一片汪洋，在世界上水比阿嫫尧白早诞生，所以水排在属相的第一，基诺语称"正搓"日；阿嫫尧白是第二个在世上诞生的，所以属相的第二个是阿嫫尧白的生日，基诺语称"尼蟆"日。阿蟆尧白出世后创造了太阳、月亮、星宿，然后天地合拢又产生出草、风、树、雨、七个太阳和火。所以属相的第三至十二便按这个顺序排列下去。即太阳生日称为"章"日，月亮生日称为"布罗"日，星宿生日称为"尼"日，天地合拢日为"帽"日，草的生日为"许"日，风的生日为"赛尔"日，树的生日为"生呵"日，雨的生日称"布合"日，七个太阳的生日为"西夺"日，火的生日称"米除"日。

基诺族的日子计算为七天一轮。无论是十二天一轮的名称，还是年的名称都是用上述属相的名称。基诺族无"属相"一词，但每个人都清楚地记得自己出生时年的名称和生日的名称，并以此作为选择人生礼仪活动和祭祀活动的重要根据。①

从这里不难看出，属相的产生同人们记日记年的需要有关，是抽象的时间观念产生之前，人们尝试用具体事物的循环排列来确认和记录时间的产物。十二种属相动物的模式化排列，不是可以看成以十二为进位制的一种动物记年（日）法么？

三、猪象同科与耽耳习俗

头大有保，耳大有福。从民间流行的这种说法中，不难看出古人以耳朵阔大为美为吉相的心理。崇尚大耳朵的仿生学因素之一，就在于猪神形象的外在特征也是大耳。远古时期既然曾有一种普遍崇拜猪神的信仰，那么猪在外观上肥头大耳的特点当然不会像今人那样以为难看，而会被初民视为美好和美满的象征。相形之下，我们人类的耳朵毕竟小得微不足道。假如哪位圣人生出超常的大耳，自然会被看成非凡的吉兆。神话想象可以帮助人超越任何自然和生理的界限，于是聂耳国、儋耳国之类的传说应运而生，不胫而走。

---

① 陈平编著：《基诺族风俗志》，中央民族学院出版社1993年版，第7—8页。

《山海经·海外北经》说聂耳国之人的特点是"两手聂其耳"。什么叫"聂其耳"呢？郭璞注说是"耳长，行则以手摄持之也"。① 人类生出这种大到需要手来拿持的耳朵，日常生活中显然毫无经验基础，是神话式的夸张产物，其取象和联想之源似乎非猪莫属。唐人李冗《独异志》说《山海经》有大耳国，其人睡觉的时候用一只耳朵当席子，另一只耳朵当被子盖。这样大到超过身体的耳朵，不仅人类中没有，动物界中亦难找到。（图48、图49）

图48　聂耳国人"两手摄其耳"
（摹自袁珂校注：《山海经校注》，
上海古籍出版社，1980）

图49　大耳怪人
（摹自萧兵、叶舒宪：《老子的文化解读——性与神话学之研究》，湖北人民出版社，1994）

与聂耳国相近的记载是见于《山海经·大荒北经》的儋耳之国。郭璞注说："其人耳大下儋，垂在肩上，朱崖儋耳，镂画其耳，亦以放之也。"② 这种能垂到肩上的长耳在古书中时有记述，不能看成纯然虚构。《后汉书·

---

① 袁珂校注：《山海经校注》，上海古籍出版社1980年版，第237页。
② 袁珂校注：《山海经校注》，上海古籍出版社1980年版，第425页。

南蛮传》说"其渠帅贵长耳",可用人工制作而成,具体方法是:"穿耳缒之";其效果则是"垂肩三寸"。宋人周去非《岭外代答》甚至认为"南蕃"崇尚大耳是取法佛相庄严,"故作大环,以坠其耳,俾下垂至肩"。

这一耽耳之俗不只我国有之,域外亦常有报道。如澳洲原住民的某些部落也以人工制成的大耳为美。其制作方法是,"男孩与女孩把逐渐增大的木柱插进耳中,未婚男子及长老则戴链形的耳圈和手镯"①。又如南美洲的印加帝国贵族,被入侵的西班牙人称为"大耳朵",这是"因为他们在耳上穿孔,嵌入装饰的耳塞,并不断增大耳孔,直至耳垂将近垂到肩部"。②这些民俗现象足以表明,两耳垂肩之说并非无中生有。

相传我国第一位哲学家老子就有垂肩的大耳朵。他的名字叫李耳,号老聃,不是没有来由的。清代毕沅《道德经考异序》便论述了聃、儋、瞻等字的通用关系。他写道:

> 古聃、儋字通。《说文解字》有"聃"字,云"耳曼也"。又有"瞻"字,云"垂耳也。南方儋耳之国"。《大荒北经》《吕览》"瞻"字并作"儋"。又《吕览》老聃字、《淮南王书》瞻耳字皆可通。《说文解字》又有"耽"字云:"耳大垂也。"盖三字声义相同,故并借用之。

如此看来,老聃的门徒或后人称其名曰"聃""瞻",是推崇他们的师长或祖爷的"大耳"及其所象征的尊贵、美好、聪智、寿考。大耳是一种尊号,一种荣称。"老聃"不妨理解为大耳的老思想家之雅号。③

不仅我国的第一位大哲人生有异耳,相传我国第一位建国的帝王大禹也以特异的耳朵为外表特征。所谓"禹耳三漏"之说,有人解释为有三个

---

① 格罗塞:《艺术的起源》,蔡慕晖译,商务印书馆1937年版,第72页。
② 乔治·彼得·穆达克:《我们当代的原始民族》,童恩正译,四川民族研究所1980年版,第266页。
③ 参见萧兵、叶舒宪:《老子的文化解读——性与神话学之研究》,湖北人民出版社1994年版,第975页。

耳道,也有人理解为耳大多曲的意思。《淮南子·修务训》云:"禹耳参漏,是谓大通。"高诱注:"参,三也。漏,穴也。大通天下,摧下滞之物。"至于三国时的蜀主刘备如何长得两耳垂肩两手过膝,一副十足的贵人之相,早已被小说家们渲染得尽人皆知了,故不必再费笔墨。

佛教中透露的信息表明,在古代印度也曾流行以耳大为美为贵的社会习俗。唐玄奘译《大般若波罗蜜多经》中就说,如来耳厚广大修长。我们在佛教造像上看到的情景也都是修长大耳。有学者认为中国古代崇尚大耳是受印度影响的结果。也有学者认为这种说法忽略了在佛教传入中国之前本土已有耽耳之俗的事实。至于说到本土先民崇尚大耳的起因,下述观点较有代表性:

> 远古人类中盛行模拟巫术,他们相信相似的事物可以互相交通,可以产生相同的结果,因此,人们如果想得到某种事物,只要把这种事物模拟出来就可以达到预期的目的。对自己崇拜的动物,原始人努力使自己在外貌上与之接近,使自己与崇拜的动物属于同一族类,……大耳习俗正是起源于这样的模拟巫术,它是对猪耳的模拟,是远古人类崇拜猪神的结果……①

这样的解说是否很周全呢? 我们至少还可以举出另外一种以大耳为突出特征的动物——大象,作为耽耳习俗仿生学渊源的又一重考虑因素。其实,在我们的汉族文化中,猪与象本来就被视为同类动物。这种类同的缘由从豕字与象字的结构对应上就不难看出。原来造字者在创造"象"这个字时,只不过是在已有的"豕"字表象上再加上一个表示长鼻子的符号而已。民间成语中常说的"猪鼻子插葱,装象",更直接点出了二者同科的基本类似之处。好似猪与象的根本差别不在于种和属方面,仅仅在于有无那大大长长的鼻子。(图50)

一部连环画册为小读者讲述了如下故事:一头大象的鼻子不幸被人砍

---

① 杨琳:《耽耳习俗与猪神崇拜》,载《东方丛刊》1994年第1辑。

图 50 猪象同科的外在理由

(摹自于锦珠、吴湘麟、吴镭等绘:《贴绣图案》,上海人民美术出版社,1992)

下来,象就变成了猪。从此就有了猪这种动物。这个故事属于所谓推源神话,旨在说明猪来源于象的道理。能够做出这种稚拙推断的理由显然还是猪和象在肥硕体貌上的表面相似吧。无独有偶,《太平广记》中的一则故事却又讲述出象源于猪的道理:后唐年间,徐州军营中拟杀一母猪。动刀前夕,军营首脑梦见那猪对他说:请莫杀我。我怀的胎不是猪。您若高抬贵手放我一条生路,我当厚报,使您家富有。第二天,这人忘了昨夜的梦。就照常杀了母猪。剖开肚子,发现它腹中怀的果然不是猪,而是一只小白象。

按照龙生龙、凤生凤的逻辑,不论是象变猪还是猪生象,都是不可思议的。然而,民间故事却一再向人们证明,猪和象就是同一类生物。如果说猪和象最突出的外在差别就在于鼻子的话,那么二者最接近的外在标记就应是大大的耳朵了。在初民的神话思维中,猪和鹿仅仅因为都是偶蹄的,就被视为同科;同理,猪和象仅仅因为都有奇大如扇的耳朵,当然也可归为一类。有学者说:"由于象自古被中国人看作一种瑞兽,所以,猪也许在这一点上沾了点象的光。"①殊不知,在象成为中国人心目中的瑞兽之先,猪作为生命崇拜的对象,早已享有如此殊荣了。

四、土家族的"血财"与"猪相"

我国少数民族中的土家族也有悠久的养猪传统。由于猪在该族人的农业生活中起着重要作用,所以自古以来就被奉为神。民间流行着摔刀敬猪神的习俗。

土家人把猪称"血财"。豕官神是位送财喜的财神。打猎打得野猪,称为发"血财";家猪喂肥了杀卖,也称为发"血财"。发"血财",就是发红财之意。因为血是红色的。

> 豕官神神位设在堂屋左边大门背后,逢年过节必敬奉,祈求赐给财喜,六畜牲养兴旺。敬时,念套歌诀:"豕官大神,把门将军;诚心敬奉,保佑我们;行东利东,行西利西;四方招财,五谷丰收;六畜兴旺,水草常青。养只鸡婆像草墩,养只鸡公八九斤,养只肥猪三百斤;种起谷子像牛尾,种起小米像草鞋锤。"
>
> 念完歌诀,巫师行法事摔刀子。巫师身背后摆个木盆,手拿一把刀子,向背后木盆摔去。若刀落在盆内,刀口向外,就算敬好了;若刀口向内,还要摔,直到将刀口摔朝外为止。②

这种摔刀的仪式与视猪为"血财"的观念密切配合:发红财需见血;要见血少不了动刀。从局外人的观点看,土家人为了求得自身的生存与富足,是不惜向神灵开刀的。

土家人还有为猪看相的习俗。当地人常说:"讨亲要看娘种,买猪要选良种。"

---

① 王元鹿:《猪与古代文化》,载《中文自学指导》1995 年第 1 期。
② 杨昌鑫编著:《土家族风俗志》,中央民族学院出版社 1989 年版,第 201 页。

一般选良种猪，要从这几方面选：一按"猪相图"选买猪的日子。如在"耳日""尾日"，买猪则是好日子，俗话说"耳尾风吹长"；若在"口日""舌日"，买猪则是不利日子，俗话说"口舌必遭亡"。二选潲路。如吃起潲来，吃得"啪""啪"作响，满身抖动，尾巴摆、槽盆光，是好猪。三选头。"头大尾小家财用不了"；"破头猪"和"带孝猪"，喂了家里不顺畅；头上生"旋"，俗称"盖水淋头，十人看了九人愁"，不能喂。四选嘴。嘴要选筒子短的，俗称"狮子头"，不要选嘴尖的，俗称像"尖嘴猴"。猪才吃潲不拱栏。五选鼻。俗谚云："唢呐鼻子圆空大，肥得没有秤砣压。"六选耳。"选耳要蝴蝶耳，莫选豺狗尖耳朵"。七选颈。"颈脖要向前伸，不要乌龟缩颈梗。"八选背。背身要宽不要窄，背脊要凹不要躬。九选肚。"落肚粗毛稀，贵买实便宜"，意要选肚子圆堕的，才装得多食，长膘。十选脚。"前脚站得开会吃潲，后脚站得开肯长膘。"还有"弯脚黄牯直脚猪"，后脚直的猪，喂到几百斤重也脚劲足。若是喂母猪，还要选奶子的多少。俗话说："三奶牛婆牛齿牯，猪婆奶子要十五。"总之，选只好猪喂，喂大了发"血财"，实在不容易。

选得好猪仔，买进屋来，也很讲究。屋门口要烧堆火，捧着猪从火上跨过，俗称"过火八百斤"。关进栏里，测看财气：猪屙屎，是送财气来了；猪屙尿，财气难保，得卖掉。让猪睡干净，左手拿两砣岩头，一砣丢到睡困地方，喊道："那是你睡觉的地方"；一砣丢到屙屎尿的地方，喊道："那是你屙屎尿的地方"。据说猪很有灵性，天天到干处困觉，屎尿不乱屙。喂肥后卖，将猪赶出栏后，要烧香烧纸，唤三声："啰啰啰，要回来还债呀！"若是过年宰杀，也是如此。且还视抽刀后，涌出的血绯红又无泡沫，来年定会"喂猪猪兴旺"，"血财"好。猪杀后，将猪血猪头猪尾猪四蹄祭祖先，另用三张钱纸，蘸点猪血，贴到安仕官神位门角。敬祖后，煮猪血稀饭，寨里人皆来吃，名曰"吃满红"。①

---

① 杨昌鑫编著：《土家族风俗志》，中央民族学院出版社1989年版，第118—119页。

从社会功能方面着眼,这种"吃满红"的群体行为显然是一种以猪为中介的社会性认同:每一位分享到"红"的寨民都因食用了同一种猪血而确证了彼此间的联系,从而强化整个土家村寨的社会内聚力。

五、猪圈、厕所与紫姑

我国先民在驯化和饲养家猪的过程中较早采用舍饲圈养的方式,这种方式不仅有利于猪的生长育肥,而且还会有效地产生一种副产品——粪肥。由于这个原因,人猪同舍的现象与猪圈人舍相连的现象也就不难理解了。后代普遍出现的猪圈与厕所相连或相兼的形式,一直保留到今天。这种具有民族民俗特色的多功能建筑样式,至晚在汉代已经相当流行了。

《汉书·武五子传》:"厕中豕群出,坏大官灶。"颜师古注:"厕,养豕圂也。"厕所兼猪圈的情况在此已很明确。其实际功利效应在于积肥。另一个有力的证据是历史上尽人皆知的吕后迫害戚夫人为"人彘"的故事。据《史记·吕后本纪》的记载,其迫害方式是:

> 太后遂断戚夫人手足,去眼,煇耳,饮瘖药,使居厕中,命曰"人彘"。

因为厕所就是猪圈,所以被扔进厕所的戚夫人也就只能与猪为伍,被蔑视为"人彘"。这个残酷事件发生在汉代初年,表明猪圈与厕所通用的现象在当时已较常见。

曾研究舍饲养猪起源的刘敦愿先生指出:"原始时代'刀耕火种'农业完全不懂得施肥的道理,因此,当时养猪与积肥之事完全无关,是不待言的。至于明确记载两者关系的,自然要算北魏时代贾思勰所著《齐民要术》,不过其中所记载的养猪经验十分全面系统,与今天的情况相去不远,显然是舍饲养猪方法普遍运用了相当长的时间以后的记录,以之为准,又嫌时代太晚了，不能说明问题。"①这位学者越过汉代到先秦文献中追寻更古老的证据，把猪圈兼厕所用以积肥的实例上推到战国时代。他所依据的一条材料出自《国语》中胥臣对晋文公问所引出的传说故事。

《国语·晋语四》："臣闻昔者大任娠文王不变，少溲于豕牢而得文王，不加疾焉。"韦昭解："溲，便也；豕牢，厕也。"文王生于豕牢的传说究竟可信性有多大，暂且不去追究。就好像《圣经·新约》说耶稣生在马槽里一样，具有十足的传奇色彩，目的无非是暗示人们超常的圣人在出生之际就非同寻常。生于猪圈的文王未必是为了跟猪攀扯干系，而时人"不加疾焉"则说明人们对圣人的神秘降生并无厌嫌之情。这

图51　紫姑神
（选自宗力、刘群：《中国民间诸神》，河北人民出版社，1986）

个记载总算把猪圈即厕所的双重功能上溯到了战国时期。

文王之母大任到猪圈里去，本来只打算在那里小便的，不料生下孩子。这个猪圈也就因此而有了几分神圣色彩，不像受迫害的戚夫人所居之猪圈。然而后代好事者还是希望所有的猪圈兼厕所都圣洁起来，于是构想出一位女性厕神，命名为紫姑。（图51）

紫姑又叫子姑、厕姑、茅姑、坑三姑娘。她的名字最早见于南朝宋刘敬叔《异苑》卷五。其中这样写道：

> 世有紫姑神，古来相传是人家妾，为大妇所嫉，每以秽事相次

---

① 刘敦愿：《我国舍饲养猪的起源问题》，见张仲葛、朱先煌主编：《中国畜牧史料集》，科学出版社1986年版，第222—223页。

役,正月十五日感激而死。故世人以其日作其形,夜于厕间或猪栏边迎之,祝曰:"子胥不在。"(子胥)是其婿名也。"曹姑亦归。"曹即其大妇也。"小姑可出戏。"投者觉重,便是神来。奠设酒果,亦觉貌辉辉有色,即跳躞不住。能占众事,卜来蚕桑。

宋代沈括《梦溪笔谈》卷二一云:"旧俗,正月望夜迎厕神,谓之紫姑。"紫姑是厕神,厕所和猪圈古代可以通用。《说文解字》:"圂,厕也。"圂字的造字表象已表明其原本意义是指猪圈。《国语》中的"溲于豕牢"也从旁证实了这一点。有学者根据《异苑》中说的"于厕间或猪栏边"迎紫姑之民俗,推测紫姑的原形显为猪神。可信与否,聊备一说。

紫姑又称戚姑,这就把后代厕神和汉高祖刘邦的妃子戚夫人联系到一起了。明冯应京《月令广义·正月令》:"唐俗元宵请戚姑之神,盖汉之戚夫人死于厕,故凡请者诣厕请之。今俗称七姑,音近是也。"把厕神的由来同被称为人彘的戚夫人相提并论,这是否进一步透露出紫姑原为猪神呢?宋人洪迈《夷坚三志》壬卷三"沈承务紫姑"条云:"紫姑仙之名,古所未有,至唐乃稍见之。"宋时士大夫奉紫姑已蔚然成为风气,紫姑也随之变为仙女之流,能吟诗作赋,附庸风雅。[①] 宋元明以降,紫姑在民间各地又派生出诸多分身,请紫姑的风俗也显得五花八门。清代学者俞樾在他的笔记《癸巳存稿》卷一三中写道:"《稽神录》云:正月望夜,江左风俗,取饭箕,衣之衣服,插箸为嘴,使画粉盘以卜。《游宦纪闻》云:请紫姑,以箸插筲箕布灰棹上画之,皆男儿名字,或系僧徒。《睽车志》云:临安雨溪寨将请紫姑,岳侯降之。……今苏州有田三姑娘,嘉兴有灰七姑娘,皆紫姑类。"

推究民间崇奉厕神的原因,也许是人们将厕所视为一种神秘的所在,或上厕所的时候常有意外的事发生。对此,《齐东野语》卷十《都厕》有很好的说明:

> 晋侯食麦,胀如厕,陷而卒。赵襄子如厕,心动,执豫让。高

[①] 参见宗力、刘群:《中国民间诸神》,河北人民出版社1986年版,第425页。

祖如厕,心动,见柏人。金日䃅如厕,心动,擒莽何罗。范雎佯死置厕中。李斯如厕见鼠。贾姬如厕逢彘。陶侃如厕见朱衣。刘寔、王敦并误入石崇厕。郭璞被发厕上。刘和季厕上置香炉。沈庆之梦卤簿入厕中。崔浩焚经投厕中。[1]

如此多的奇事均发生在厕中,难怪人们需要一位慈祥和善的厕神来加以保佑。原本作为家神的猪,或许就这样先沦为厕神,后来进一步化身为紫姑,再衍生为坑三姑娘、田三姑娘或灰七姑娘的吧。

如果有人怀疑这些看似弱女子的厕神究竟有没有能力保佑人,那么可以举出《古今图书集成·神异典》卷四四引《灵应录》中的一则故事,表明厕女神的灵验和义气:"台州有民姓王,常祭厕神。一日至其所,见著黄女子。民问何许人,答云:'非人。厕神也。感君敬我,今来相报。'"除了报恩庇佑之外,厕神也偶有伤害人的时候。如《续玄怪录》所说:"厕神每月六日例当出巡,此日人逢必致灾难,人见即死,见人即病。"这种每逢六日出巡的厕神简直成了瘟神。

---

[1] 宗力、刘群:《中国民间诸神》,河北人民出版社1986年版,第426页。